8주완성 新HSK 백발백중 쓰기(书写) 트레이닝

리란(李冉) 저

8주만에 新HSK 6급 합격하기!

6급

新HSK 백발백중 6급 쓰기 트레이닝

초판발행	2011년 4월 10일
1판 5쇄	2019년 11월 5일
저자	리란(李冉)
책임 편집	최미진, 가석빈, 高霞, 박소영, 하다능
펴낸이	엄태상
디자인	진지화
마케팅	이승욱, 오원택, 전한나, 왕성석
온라인 마케팅	김마선, 김제이, 조인선
경영기획	마정인, 조성근, 김수진, 김다미, 전태준, 오희연
물류	유종선, 정종진, 최진희, 윤덕현, 신승진
펴낸곳	시사중국어사(시사북스)
주소	서울시 종로구 자하문로 300 시사빌딩
주문 및 교재 문의	1588-1582
팩스	(02)3671-0500
홈페이지	http://www.sisabooks.com
이메일	book_chinese@sisadream.com
등록일자	1988년 2월 13일
등록번호	제1-657호

ISBN 978-89-7364-627-2 14720
      978-89-7364-628-9(set)

* 이 책의 내용을 사전 허가 없이 전재하거나 복제할 경우 법적인 제재를 받게 됨을 알려 드립니다.
* 잘못된 책은 구입하신 서점에서 교환해 드립니다.
* 정가는 표지에 표시되어 있습니다.

머리말

新HSK가 새로이 시행된 이래 많은 학생들이 어떻게 공부해야 할지 적당한 학습 방법을 찾지 못하고 있습니다. 따라서 어떻게 하면 시험 수준에 다다를 수 있을까, 어떻게 하면 좋은 성적을 얻을 수 있을까 하는 문제는 많은 학생들이 관심을 갖는 문제일 수밖에 없습니다.

이러한 많은 학생들의 고민을 해결하기 위해 新HSK 6급 요약쓰기의 올바른 학습 방법을 제시하고자 본 교재를 구성하였습니다.

新HSK6급 요약쓰기는 1,000자 가량의 원문을 400자 내외로 요약하여 쓰는 시험입니다. 원문 읽을 시간 10분을 주고, 10분이 지나면 시험감독관이 원문을 거둬 갑니다. 그 다음, 자신이 원문을 이해한 것에 근거하여 35분 동안 요약하여 글을 쓰고 제목을 붙여야 합니다.

글을 쓸 때 자신의 관점을 개입시켜서는 안 되고 원문에 충실하게 쓰되 중심내용이 모두 들어가도록 해야 합니다. 이전 HSK 작문보다 쉬워진 듯 보이지만, 막상 10분 동안 1,000자 가량의 글을 다 읽고 중심내용을 파악하고, 또 그것을 기억하여 답안을 작성하는 것은 결코 쉬운 일이 아닙니다.

이 책은 짧은 글의 요약 연습부터 긴 글의 요약 연습에 이르기까지 단계적 연습을 통해 요약쓰기의 능력을 키워나가고 新HSK 6급 요약쓰기 시험에 대비할 수 있도록 구성하였습니다.

크게 세 부분으로 구성되어 있는데 첫 번째 부분은 짧은 단락을 2~3문장으로 줄이는 연습을, 두 번째 부분은 짧은 글 한 편을 200자 내외로 줄이는 연습을, 세 번째 부분은 新HSK 시험과 같이 1,000자 가량의 긴 글을 400자 내외로 줄이는 연습을 할 수 있도록 만들었습니다.

짧은 글을 요약하는 것에서부터 시작하여 차츰차츰 글의 길이를 늘려가며 요약쓰기에 대한 감을 잡을 수 있을 뿐 아니라, 자신이 쓴 글과 모범답안을 비교해 보며 자신의 문제점을 파악하고 요약쓰기 능력을 길러나갈 수 있습니다. 이 책은 新HSK 6급 요약쓰기 시험에 대비한 책이지만, 책 속에 실린 여러 편의 글을 통해 좋은 표현을 배우고 그것을 적극 활용하여 비단 缩写능력만이 아니라 전반적인 중국어 실력을 고루 향상시키시길 바랍니다.

이 책이 나오기까지 적극 지원해주신 KC중국어학원 고려중국센터 관계자 여러분께 감사 드리고, 출판 기획에서부터 원고의 마무리까지 세심하게 살펴주신 출판사 편집팀에 깊은 감사를 드립니다.

2011년 3월

李冉

차 례

머리말   3

이 책의 특징   6

新HSK 6급 요약쓰기 시험 POINT   8

新HSK 6급 요약쓰기 비법 POINT   10

Part 1. 短文缩写   2~3문장으로 줄여보자!   **17**

Part 2. 文章段落缩写   200자 내외로 줄여보자!   **39**

Part 3. 1000字左右文章的缩写   400자 내외로 줄여보자!   **101**

Part 4. 模拟考试 & 参考答案   **167**

이 책의 특징

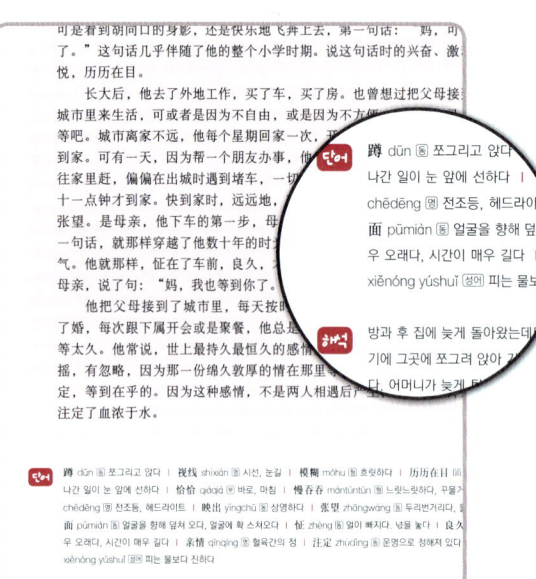

❶ 문제를 파악하라!

흥미를 유발할 수 있는 재미 있는 문장들만 모았습니다.
요약을 잘 하려면 문제를 읽고 내용을 완전히 이해하는 것이 가장 중요합니다.
우선 문제를 잘 읽고 단어와 해석, 지문의 구성을 파악해보세요!

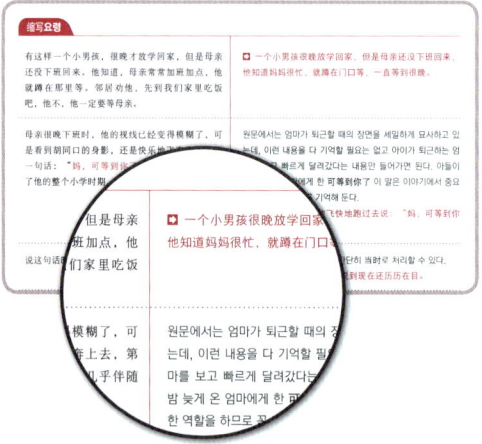

❸ 선생님의 요약 방법을 이해해라!

문제를 요약하는 요령과 그 과정을 자세하게 보여줍니다.
선생님은 나와 어떻게 다르게, 또는 나와 어떻게 똑같은 방법으로 요약을 하였는지 요약되는 과정을 살펴보고 요약하기의 스킬을 배웁니다.
차근차근 따라하면서 선생님의 요령을 스스로의 것으로 만들어보세요!

❷ 자신의 글로 써보아라!

직접 써볼 수 있도록 원고지를 마련하였습니다.
이해한 내용을 바탕으로 망설이지 말고 자신의 글로 써보세요!
자신 있게 쓰는 것, 외국어 작문의 시작입니다!

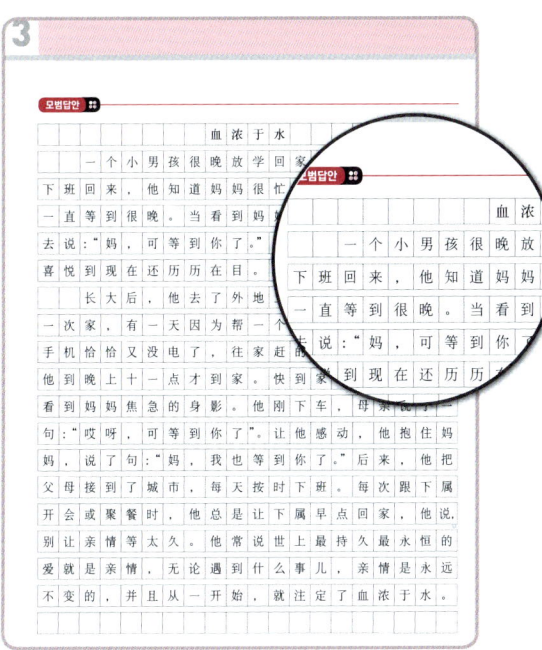

❹ 원고지에 쓰기 확인!

모범답안을 원고지 쓰기 방법에 맞게 실었습니다.
요약하는 요령을 익혔다면, 마지막으로 어떻게 원고지에 쓸지를 고민해야 합니다.
원고지 쓰기 방법을 잘 살피면서 모범답안을 확인해보세요!

❺ 모의고사

실제와 똑같은 글자수와 난이도로 구성된 모의고사를 실었습니다.
실력 점검용 모의고사까지 꼼꼼히 풀어보아 시험지 앞에서 당당한 수험생이 되시고,
新HSK 6급 자격증까지 얻어 보세요!

이 책의 특징 **7**

新HSK 6급 요약쓰기 시험 POINT

1. 시험 형식

구HSK 고등 시험에서는 제시된 주제에 대해 자신의 생각이나 의견을 자유롭게 서술하였던 것에 비해, 新HSK 6급 쓰기 시험은 주어진 지문을 읽고 요약하여 쓰기의 유형으로 시험 형식이 바뀌게 되어 글을 좀 더 객관적으로 보고 판단할 수 있는 능력을 요구한다고 할 수 있다.

[新HSK 6급 쓰기 시험 형식]

쓰기	문항 수	시간	시험 형식
요약하여 쓰기	101번 1개 문항	10분	1,000자 내외의 서술문 읽기
		35분	(시험지를 걷어간 후) 읽은 내용을 기억하여 500자 원고지에 400자 내외로 요약하기

新HSK 6급 쓰기 시험은 듣기와 독해 시험이 끝난 후 바로 실시하게 되는데, 10분 동안 주어진 시험지에 제시된 1,000자 내외의 서사문을 읽고 내용을 숙지한 후, 시험지가 없는 상태에서 35분 동안 읽었던 내용을 400자 내외로 요약하여야 한다. 요약하여 적을 때에는 내용에 알맞은 제목을 붙이고 본인의 관점은 배제한 채 읽은 내용을 중복 서술해야 한다.

2. 시험 방식

시험 지시문

仔细阅读下面这篇文章，时间为10分钟，阅读时不能抄写、记录。
아래 한 편의 글을 10분간 자세히 읽는데, 읽을 때에는 베끼거나 기록할 수 없다.

10分钟后，监考收回阅读材料，请你将这篇文章缩写成一篇短文，时间为35分钟。
10분 후, 감독관이 독해 자료를 회수하면 35분간 이 글을 요약하여 쓴다.

标题自拟。只需复述文章内容，不需加入自己的观点。
제목은 스스로 정한다. 글의 내용만 다시 기술하고 자신의 의견은 섞어 쓰지 않도록 한다.

字数为400左右。
(요약한) 글은 400자 정도가 되게 한다.

请把作文直接写在答题卡上。
작문한 글은 직접 답안지에 적는다.

1. 지문 읽기

지문을 읽을 수 있는 10분간의 시간에는 단지 눈으로 지문을 읽을 수만 있을 뿐, 시험지에 줄을 긋거나 메모를 할 수 없다. 지문을 눈으로 빠르게 읽으면서 주제를 포함하고 있는 부분이나 서술 시에 꼭 필요하다고 생각되는 단어들을 머릿속에 기억한다. 10분간의 시간이 지나면, 시험지를 걷어간다.

2. 요약쓰기

답안지에 제목부터 시작하여 차근차근 요약쓰기를 한다. 400자 내외로 작성해야 하되 본인의 주관적인 생각이나 의견 등이 들어가서는 안 되며, 객관적인 태도를 유지하여 지문에서 읽은 부분을 중복 서술하면서 자신의 언어로 작성해야 함을 명심한다.

3. 시험 전략

❶ 속도를 붙여 읽되 정독하면서 전체 지문의 내용을 확인한다.
❷ 다시 훑어보면서 써야 할 내용이 무엇인지, 또 지나쳐도 되는 부분이 무엇인지 체크한다.
❸ 마지막으로 제목을 어떻게 써넣으면 좋을지 결정한다.(제목을 정하기 힘든 경우 마지막에 채우도록 하고 첫 줄을 남겨둔다.)

※ 좋은 제목은 글의 전체 내용을 포괄하는 주요 단어를 제목으로 쓰는 것, 글에 대한 궁금증을 유발시키도록 질문 형식의 제목을 쓰는 것, 글의 주요 인물의 이름이나 호칭 등을 제목으로 쓰는 것 등이 그러하다.

❹ 본래 지문 내용에 충실하게 작성하되 자신의 의견은 절대 넣지 않아야 함을 명심한다.
❺ 내용의 전개와 직접적으로 관련이 없는 내용들(상황묘사나 인물묘사, 각종 수식어 등)은 답안에 작성하지 않는다.
❻ 대화문을 그대로 쓰기보다는 간접화법 등의 평서문으로 풀어 쓴다.
❼ 내용이 자연스럽게 연결되도록 인칭대명사나 지시대명사 등을 적절하게 쓴다. 또한 단락과 단락이 매끄럽게 이어지도록 내용 분배에 신경 쓴다.

新HSK 6급 요약쓰기 비법 POINT

新HSK 6급 요약쓰기란?

新HSK 6급 요약쓰기는 1,000자 가량의 원문을 400자 내외로 요약하여 쓰는 시험이다. 원문 읽을 시간 10분을 주고, 10분이 지나면 시험감독관이 원문을 거둬간다. 그 다음, 자신이 원문을 이해한 것에 근거하여 35분 동안 요약하여 글을 쓰고 제목을 붙여야 한다. 글을 쓸 때 자신의 관점을 개입시켜서는 안 되고 원문에 충실하게 적되 중심내용이 모두 들어가도록 써야 한다. 이전 HSK 작문보다 쉬워진 듯 보이지만, 막상 10분 동안 1,000자 가량의 글을 다 읽고 중심내용을 파악하고 또 그것을 기억하여 답안을 작성하는 것은 결코 쉬운 일이 아니다.

요약쓰기 할 때 어떤 능력이 필요할까?

1. 기본적인 작문 능력

新HSK 6급 요약쓰기는 1,000자 가량의 문장을 읽고 나서 원문을 보지 않은 채 400자 내외의 문장으로 요약하여 쓰는 시험이다. 그래서 우리는 문장을 읽은 후 자신의 기억에 의지하여 주제에 벗어나지 않도록 개괄하여 기술해야 하기 때문에 자신의 언어로 새로이 써야 한다. 따라서 기초적이고 정확한 언어 기술 능력 없이는 좋은 문장을 쓰기 힘들기 때문에 기본적인 작문 능력을 다지는 것이 좋다.

2. 빠른 속도의 독해 능력

시험에서는 10분 동안 1,000자 가량의 문장을 보고 문제지를 걷어간 후에 요약쓰기 작업을 시작해야 하므로 우리는 짧은 시간 내에 문장의 중심내용도 기억해야 하고 주된 것과 부차적인 것까지 가려낼 줄 알아야 한다. 따라서 짧은 시간 안에 빠르게 읽고 빠르게 중심 내용을 잡아내는 능력이 필요하다.

3. 숙련된 쓰기 속도

35분 내에 400자의 문장을 써내야 하므로 숙련된 한자쓰기 속도가 관건이다. 따라서 평소에 자주 빠르게 한자를 써보는 연습을 하는 것도 좋은데, 이렇게 하면 시험장에서도 무난하게 답안 작성을 할 수 있다.

요약쓰기는 어떻게 해야 할까?

1. 쓸모 없는 내용은 과감히 버려라!
문제를 읽을 때 주의해야 할 것은 주제와 관련된 부분을 찾아내는 것이며, 주제와 그다지 관련이 없는 부분은 기억할 필요가 없다. 상세 항목까지 모두 머릿속에 넣으려 한다면 중요한 순간에 직면해서는 모두 잊어버리게 될 수도 있으니 주의한다.

2. 글의 중심내용을 파악하라!
평소 중국어 문장을 읽을 때 개괄하여 읽는 법을 훈련하고, 문장의 중심내용과 그에 관련된 부분, 그리고 중요한 몇몇 문장들을 읽어낼 줄 알아야 한다. 또한 문장의 주제를 명백하게 파악한 후 자신의 언어로 개괄해야 하는데, 개괄하는 것에 훈련이 되어 있지 않다면 완전한 요약쓰기 문장을 써낼 수 없을 것이다.

3. 자신의 언어로 정리하라!
문장을 읽고 난 후 반드시 자신의 언어로 다시 써보는 습관을 들여야 한다. 자신의 생각을 정리하여 매 단락마다 요점만을 간략하게 잡아 서술해본다.

4. 글에 담긴 의미를 정확히 이해하고 알맞은 제목을 붙여라!
요약쓰기 시험을 치를 때 문제를 읽는 과정 중에 어떠한 제목으로 시작할지에 대해서도 생각하여야 하는데, 제목은 반드시 문장의 중심내용과 부합해야 하며 주제를 벗어나서는 안 된다.

5. 원고지 사용법 및 문장부호 쓰는 법 등을 익혀라!
작문을 잘 하는 것도 중요하지만, 짧은 시간 내에 직접 답안지 상의 원고지에 직접 답안을 써내야 하기 때문에, 원고지 사용법을 잘 익혀서 사용법에 맞게 적어내는 능력 또한 필요하다. 또한 기본적인 중국어의 문장부호에 대해 숙지하여 어떻게 적절하게 골라 쓸지 까지도 신경 써야 한다.

新HSK 6급 요약쓰기 비법 POINT

[문장부호 쓰는 방법]

句号	。	평서문 문장 끝에 쓰여, 문장이 끝났음을 나타낸다. 예) 1) 中国游客一定会选择安全舒适的地方去旅游。 2) 据明清时期的文件资料，钓鱼岛属于中国领土，1895年清日战争中被日本占领。 3) 在短短20年内便创下了这一佳绩。
问号	?	의문문 문장 끝에 쓰여, 의문의 어기를 나타낸다. 예) 1) 难道连这个简单的道理都不懂吗？ 2) 对于扩大在国际上的作用，是否取得了国民的共识？ 3) 我想买奇迹，我有钱，多少钱一个？
感叹号	!	감탄문 문장 끝에 쓰여, 감탄의 어기를 나타낸다. 예) 1) 我们要为美好的未来而努力奋斗！ 2) 你快给我滚出去！ 3) 这就是他日思夜想的故乡啊！
逗号	,	문장 내의 停顿(끊어 읽기)을 표시한다 예) 1) 当有一天在从超市回家的路上，我看到了一把旧椅子。 2) 当时我和丈夫新婚不久，我们住在一辆拖车里。 3) 跑到足球场，才发现没带足球鞋，只好又转身回教室。
顿号	、	문장 내에서 몇 개의 단어를 병렬할 때 쓰인다. 예) 1) 房间里放着许多家具，有衣柜、书柜、写字台、还有一张饭桌。 2) 他业余时间参加各种体育活动，如踢足球、打篮球、赛跑等等。 3) 北京有很多名胜古迹，有长城、颐和园、十三陵等等。
冒号	:	대화하는 상황에서 인용문을 이끌어낸다. 예) 1) 各位同学：请注意，现在要广播一个通知。 2) 父亲向泪流满面的母亲说："我们只能等待奇迹的出现。" 3) 简历的内容是：本人出身于贫困家庭，在校期间，为了积累社会经验，承揽了一家经销商的业务。

기호	표기	설명 및 예문
分号	；	복문 내부의 병렬관계인 구를 나열할 때 쓰인다. 예 1) 在长江上游，瞿塘峡像一道闸门，神奇而秀美；西陵峡水势险恶，处处是急流，处处是险滩。 2) 只知道拼命工作，不懂得与周围人共享生活甜蜜的工作狂；只知道赚钱，不知道与人分享，六亲不认的人，到头来人生就是一场空。 3) 有的人觉得生活充满阳光，幸福无比；而有的人却觉得人生无聊难耐；还有的人常常感觉生活无望。
双引号	" "	글 속에서 어떤 말을 인용할 때 쓰인다. 예 1) 中国人有句俗语 "有钱能使鬼推磨"。 2) 店员的弟弟笑着说："奇迹就是12块5毛！"
破折号	——	앞의 내용을 보충 설명할 때 쓰인다. 예 1) 真是茶壶里煮饺子——倒不出来。 2) 穿过宽阔的风门厅和衣帽厅，就到了大会堂建筑的枢纽部分——中央大厅。 3) 韩式中餐厅的代表食物——炸酱面和海鲜面。
省略号	……	다음 나올 내용을 생략할 때에 쓰인다. 예 1) 因为我不想让你发现……我在哭泣！"那一天晚上，又下起了雨…… 2) 星期二晚上，我家有个晚会，请你来参加…… 3) 他打了一个喷嚏，说："我的愿望是，再给我一万个……"
书名号	《 》	책, 잡지, 신문, 노래, 영화, 연극 등의 제목을 표시한다. 예 1) 《红楼梦》是中国古代四大名著之一。 2) 《阿凡达》无疑是去年最具话题性的电影。

新HSK 6급 요약쓰기 비법 POINT

[원고지 사용법]

1. 기본적으로 한자와 标点符号는 한 칸에 한 글자씩 쓴다.

很	抱	歉	，	先	生	，	每	一	个	灵	魂	都	是	平	等	的	，	你	们
要	通	过	比	赛	决	定	由	谁	上	天	堂	。							

2. 자신이 정한 제목을 원고지 첫 줄 가운데에 쓴다. 만약 제목이 너무 길다면 두 번째 줄까지 써도 되는데, 이 때 첫째 줄은 반드시 양쪽에 4칸을 띄어 써야 한다.

3. 매 단락 시작할 때마다 두 칸을 띄어 쓴다.

4. 标点符号는 일반적으로 한 칸을 차지한다. 그러나 만약 한 줄의 마지막 칸(맨 오른쪽 칸)까지 글자를 썼는데 标点符号를 써야 한다면, 标点符号를 다음 줄 제일 첫 칸(맨 왼쪽 칸)에 쓰는 것이 아니라 그 줄의 마지막 칸 안에 글자와 함께 쓴다. 원고지의 맨 왼쪽 칸에는 标点符号를 쓰지 않는다.

		有	一	次	一	个	高	尔	夫	球	手	赢	得	了	锦	标	赛	冠	军，
领	了	支	票	后	，	他	准	备	离	开	，	这	时	一	位	老	妇	人	走
近	他	，	向	他	表	示	祝	贺	并	说	自	己	的	孙	子	得	了	重	病，
因	付	不	起	住	院	费	也	许	会	死	掉	。							

5. 破折号(——), 省略号(……)는 두 칸을 차지한다.

| 一 | 位 | 大 | 哲 | 学 | 家 | 在 | 临 | 终 | 前 | 有 | 一 | 个 | 不 | 小 | 的 | 遗 | 憾 | — | — |
| 他 | 多 | 年 | 的 | 得 | 力 | 助 | 手 | , | | | | | | | | | | | |

| 真 | 是 | 辛 | 苦 | 你 | 了 | , | 不 | 过 | , | 你 | 找 | 来 | 的 | 那 | 些 | 人 | , | 其 | 实 |
| 还 | 不 | 如 | 你 | … | … | | | | | | | | | | | | | | |

6. 冒号(:)와 分号(;), 双引号(" ") 등이 함께 나올 경우 한 칸에 함께 쓴다.

| " | 明 | 白 | ", | 那 | 位 | 助 | 手 | 赶 | 忙 | 说 | , | 您 | 的 | 思 | 想 | 光 | 辉 | 是 | 得 |
| 很 | 好 | 地 | 传 | 承 | 下 | 去 | ……" | | | | | | | | | | | | |

7. 아라비아 숫자와 알파벳 소문자는 한 칸에 두 자씩 쓴다.

12	块	5	毛	的	"	奇	迹	"											
20	11	年	3	月	10	号													
20	0	到	30	0	公	里													
念	一	下	:	"	ab	cd	…	…"											

Note

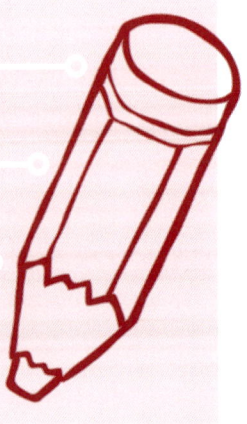

新HSK 백발백중 6급 쓰기 트레이닝

PART 1. 短文缩写

PART 2. 文章段落缩写

PART 3. 1000字左右文章的缩写

PART 4. 模拟考试 & 参考答案

Part 1 短文缩写

2~3문장으로 줄여보자!

day 1 _ week 1

문제 1

女孩放学时在服装市场看到了一条纱巾。卖货的是一个中年人。"买下吧，孩子，就剩下这一条了，只要10元钱。"女孩没下定向家里要钱的决心。最终女孩没提要买黄纱巾的事儿，并发誓永远不提这件事。因为家里不富裕，很难拿出10元钱。

단어
纱巾 shājīn 뎽 스카프 | 下定决心 xiàdìng juéxīn 결심을 하다 | 发誓 fāshì 동 맹세하다 | 富裕 fùyù 형 부유하다

해석
여자아이가 방과 후에 시장에서 스카프를 하나 보았다. 상인은 중년이었다. "사가렴, 얘야. 딱 이것 하나 남았단다. 10위안이야." 여자아이는 집에 돈을 달라고 할 결심을 못했다. 결국 여자아이는 노란 스카프를 산다는 말은 꺼내지도 않고, 이 일을 절대 영원히 말하지 않겠다고 맹세했다. 왜냐하면 집이 부유하지 않아서, 10위안조차 쓰기 어려웠기 때문이다.

구성
商人劝女孩买纱巾 → 女孩动心 → 放弃 → 原因

缩写

缩写요령

원문	설명
女孩放学时在服装市场看到了一条纱巾。	여자아이가 시장에서 스카프 파는 것을 보았다는 것이 중심내용이므로, 글의 전개에 큰 영향을 미치지 않는 放学时는 생략한다. ➡ 女孩在市场上看到了一条黄纱巾。
卖货的是一个中年人。	장사꾼이 중년이었다는 것은 중심내용이 아니므로, 이 문장은 기억하지 않아도 된다.
"买下吧，孩子，就剩下这一条了，只要10元钱。"	일반적으로 대화문을 평서문의 형태로 바꾸어 쓰면 글자수를 줄일 수 있다. ➡ 卖货的说只剩下一条了，10元钱，让她买下。
女孩没下定向家里要钱的决心。最终女孩没提要买黄纱巾的事儿，并发誓永远不提这件事。	여자아이가 결심을 하지 못하다가 결국 스카프를 사고 싶다는 말을 꺼내지 않기로 다짐한다는 것이 핵심이다. 这件事를 서면어투로 此事라고도 표현할 수 있다. ➡ 女孩刚开始下不了决心，后来她发誓永远不提此事。
因为家里不富裕，很难拿出10元钱。	이 문장은 앞 절의 '집이 부유하지 않기 때문'이란 말로 포괄할 수 있기 때문에 대표성을 가지는 因为家里不富裕를 기억한다. ➡ 因为她家里不富裕。

모범답안

　　女孩在市场上看到了一条黄纱巾。卖货的说只剩下一条了，10元钱，让她买下。女孩刚开始下不了决心，后来她发誓永远不提此事，因为她家里不富裕。

문제 2

有一天，猴子趴在树上休息，被一个猎人发现了，猎人用猎枪瞄准猴子。看见这种情形，松鼠飞快地扑到猎人身上，狠狠地咬了猎人一口，猎人疼得惨叫了一声，子弹打到天上去了。猴子看到松鼠不顾自己的安危，舍己救人，非常感激。

단어

猴子 hóuzi 몡 원숭이 | 趴 pā 됭 엎드리다 | 猎人 lièrén 몡 사냥꾼 | 猎枪 lièqiāng 몡 엽총 | 瞄准 miáozhǔn 됭 조준하다 | 松鼠 sōngshǔ 몡 다람쥐 | 扑 pū 됭 달려들다 | 狠狠地 hěnhěn de 매몰차게, 세게 | 咬 yǎo 됭 깨물다 | 惨叫 cǎnjiào 됭 비명을 지르다 | 子弹 zǐdàn 몡 총알, 총탄 | 舍己救人 shějǐ jiùrén 자신의 안위를 돌보지 않고 남을 구하다

해석

어느 날 원숭이가 나무 위에서 엎드려 쉬고 있는데, 한 사냥꾼이 그것을 발견하고 엽총으로 원숭이를 조준했다. 이 광경을 본 다람쥐는 잽싸게 사냥꾼의 몸으로 달려들어 사냥꾼을 한 번 세게 물었고, 사냥꾼은 아파서 비명을 지르며 총알이 하늘로 날아갔다. 원숭이는 다람쥐가 자신의 안위를 돌보지 않은 채, 스스로를 버리고 자신을 구해준 것에 매우 감격했다.

구성

猎人用枪瞄准猴子 → 松鼠咬了猎人救了猴子 → 猴子感激松鼠

缩写

缩写요령

원문	설명
有一天，猴子趴在树上休息，被一个猎人发现了，猎人用猎枪瞄准猴子。看见这种情形，松鼠飞快地扑到猎人身上，狠狠地咬了猎人一口，	이 문단에서 중심이 되는 내용은 '한 사냥꾼이 총으로 원숭이 한 마리를 겨냥했다'는 것이므로 **用猎枪瞄准**이란 표현을 꼭 기억해야 한다. 또한 동작의 주체인 **松鼠**가 그 상황을 보고 취한 동작들(**扑到猎人身上/狠狠地咬了一口**)도 기억해야 한다. ▶ 有一天，一个猎人用枪瞄准一只猴子，被一只松鼠发现了。松鼠扑到猎人身上，狠狠地咬了一口， **Tip** 원문을 기억할 때, 개개의 단어를 기억하는 것보다 덩어리로 기억하는 것이 좋다.
猎人疼得惨叫了一声，子弹打到天上去了。	전체 글의 내용으로 볼 때, 사냥꾼이 아파하며 비명을 지른 것과 원숭이를 겨누던 총알이 빗나간 것 중 더욱 중요한 것은 후자이므로, 뒷 절을 기억해야 한다. **子弹打到天上去了**를 원문 그대로 쓸 수도 있지만 **子弹打飞了**라고 간단히 표현할 수도 있다. ▶ 子弹打飞了。
猴子看到松鼠不顾自己的安危，舍己救人，非常感激。	이 문장의 중심은 원숭이가 다람쥐에게 감격하고 고마워한다는 사실이다. 원문에 나온 **感激**를 써도 되고 **感谢**를 써도 된다. ▶ 猴子非常感激这只松鼠。

모범답안

　　有一天，一个猎人用枪瞄准一只猴子，被一只松鼠发现了。松鼠扑到猎人身上，狠狠地咬了一口，子弹打飞了。猴子非常感激这只松鼠。

문제 3

　　有个男人在一次事故中失去了两只耳朵，于是医生给他做了移植手术。一个月以后他来找医生，抱怨说："您给我移植的是女人的耳朵！"
　　"是啊！可是你是怎么知道的？"
　　"嗯，我什么都听到了，可是我什么都不明白！"

단어 移植手术 yízhí shǒushù 이식수술 | 抱怨 bàoyuàn 통 원망하다

해석 한 남자가 사고로 두 귀를 잃어서 의사가 그에게 이식수술을 해주었다. 한 달 후 그가 의사를 찾아와 원망하며 말했다. "선생님께서 제게 이식해주신 귀가 여자의 것이죠!"
"맞아요! 그런데 어떻게 아셨죠?"
"무엇이든지 다 들리지만, 아무 것도 이해가 안 가요!"

구성 男人在事故中失去了耳朵 → 医生给他做了移植手术 → 过后男人埋怨医生

缩写

缩写요령

원문	설명
有个男人在一次事故中失去了两只耳朵，于是医生给他做了移植手术。	한 남자가 사고로 두 귀를 잃고 의사에게 이식수술을 받았다는 이 부분은 이야기의 전개에 있어 꼭 필요하므로 반드시 기억해야 한다. ➡ 有一个男人在事故中失去了两只耳朵后医生给他做了移植手术。
一个月以后他来找医生，抱怨说："您给我移植的是女人的耳朵！"	대화문을 평서문으로 바꾸는 방법에는 여러 가지가 있을 수 있다. 원문을 그대로 쓰지는 않지만 의미가 통하게 바꿀 수도 있고, 단순하게 원문에서 冒号(：)와 双引号(" ")만 빼고 평서문으로 만들 수도 있다. 단, 대화문을 평서문으로 바꿀 때에는 시점이 달라지므로 인칭대사에 주의해야 한다. 대화문 속에서 '당신'과 '나'였어도, 평서문에서는 객관적 시점으로 말해야 하기 때문에 '의사'와 '그'로 표현해야 한다. ➡ 一个月后他找医生问为什么给他移植了女人的耳朵，
"是啊！可是你是怎么知道的？"	글의 전개상 필요 없는 내용은 과감히 버린다.
"嗯，我什么都听到了，可是我什么都不明白！"	他说他什么都听到了，可是什么都不明白와 같이 그가 말한 것에 초점을 둘 수도 있지만, 의사가 그를 그렇게 만들었다는 데 초점을 두어 医生弄得他什么都能听到可什么都不明白라고 표현할 수도 있다. ➡ 弄得他什么都能听到可什么都不明白。

모범답안

　　有一个男人在事故中失去了两只耳朵后医生给他做了移植手术。一个月后他找医生问为什么给他移植了女人的耳朵，弄得他什么都能听到可什么都不明白。

문제 4

病人躺在床上，绝望地看着窗外的一棵被秋风扫过的树上居然还有一片葱绿的树叶没有落下。病人想，等这片树叶落了，我的生命也就结束了。于是，她终日望着那片树叶，等待它掉落，也悄然地等待自己生命的终结。然而，那树叶竟然一直未落，直到病人身体完全恢复了健康。原来那树叶是一位画家挂上去的。

단어
葱绿 cōnglǜ 〔형〕 담녹색의 | 悄然 qiǎorán 〔형〕 조용하다, 적막하다 | 终结 zhōngjié 〔동〕 끝나다 | 恢复健康 huīfù jiànkāng 건강을 회복하다

해석
환자는 침대에 누워 창 밖의 가을바람이 훑고 간 나무의 푸른 잎사귀 하나가 뜻밖에도 떨어지지 않은 것을 절망적으로 보고 있었다. 환자는 저 잎사귀가 떨어지면 내 생명도 끝이 나겠지 라고 생각했다. 그래서 그녀는 종일 그 잎사귀를 바라보면서 그 잎사귀가 떨어지기를, 또 자신의 생명이 끝나기를 적막하게 기다렸다. 그러나 그 나뭇잎은 이상하게도 줄곧 떨어지지 않았고, 환자가 건강을 완전히 회복할 때까지도 떨어지지 않았다. 알고 보니 그 잎사귀는 한 화가가 걸어놓은 것이었다.

구성
病人躺在床上望着外面的树叶 → 对那片叶子寄予的希望 → 病人的康复 → 那片叶子的由来

缩写

缩写요령

원문	설명
病人躺在床上，绝望地看着窗外的一棵被秋风扫过的树上居然还有一片葱绿的树叶没有落下。	중심어를 꾸며주는 관형어가 길 때에는 중심어만 기억한다. 관형어는 수식성분에 불과하므로 중심어만을 쓰더라도 의미를 충분히 전달할 수 있다. 一棵被秋风扫过的树上은 一棵树上으로, 一片葱绿的树叶는 一片树叶로 줄여 쓸 수 있다. ▶ 病人躺在病床上，绝望地望着窗外一棵树上唯一的一片叶子。
病人想，等这片树叶落了，我的生命也就结束了。	病人이란 단어를 앞에 사용했으면, 이후에 나오는 病人은 '그'로 바꾸어 쓸 수 있다. ▶ 他想这片叶子落下他的生命也就结束了。
于是，她终日望着那片树叶，等待它掉落，也悄然地等待自己生命的终结。	바로 앞 문장과 표현은 다르지만 의미상 같은 맥락이므로, 둘 중 한 문장만 기억하면 된다.
然而，那树叶竟然一直未落，直到病人身体完全恢复了健康。	그가 다 나을 때까지 그 나뭇잎이 떨어지지 않았다는 것이 중심내용이다. 恢复健康과 같은 뜻인 康复라는 단어를 쓰면 좀 더 간단한 문장으로 바꿀 수 있다. ▶ 然而，直到他康复，那片叶子也没有落下来。
原来那树叶是一位画家挂上去的。	알고 보니 그 잎은 한 화가가 그린 것이었다는 이 문장은 글의 결말이자 아주 중요한 내용이므로 꼭 기억한다. ▶ 原来那片叶子是一位画家挂上去的。

모범답안

病人躺在病床上，绝望地望着窗外一棵树上唯一的一片叶子。他想这片叶子落下他的生命也就结束了。然而，直到他康复，那片叶子也没有落下来。原来那片叶子是一位画家挂上去的。

day 5 _ week 1

문제 5

　　一天清晨，上帝来到一个年轻人身边。上帝问他："你有什么心愿？说出来，我都可以为你实现，你是我的宠儿。但是记住，你只能说一个。"年轻人说："我有许多的心愿啊。"上帝摇摇头说："这世间美好的事实在太多，但生命有限，没有人可以拥有全部，有选择，就有放弃。来吧，慎重地选择，永不后悔。"

단어 上帝 shàngdì 명 하느님 | 心愿 xīnyuàn 명 바람, 소원 | 宠儿 chǒng'ér 명 총애를 받는 사람 | 摇头 yáotóu 동 고개를 가로젓다 | 生命有限 shēngmìng yǒuxiàn 생명은 유한하다 | 慎重 shènzhòng 형 신중하다

해석 어느 날 새벽 하느님이 한 젊은이의 곁으로 왔다. 하느님이 물었다. "너는 무슨 소원이 있느냐? 말해 보아라. 너는 내가 총애하는 아이이니 너의 소원을 들어주마. 다만 딱 한 가지만 말할 수 있다는 것을 기억하거라." 젊은이가 말했다. "저는 소원이 여러 개 있습니다." 하느님은 고개를 저으며 말했다. "이 세상에 아름다운 것은 정말이지 너무 많지만 생명은 유한하니 모든 것을 가질 수 있는 사람은 없단다. 선택을 하든지 아니면 포기해야 한다. 자, 후회하지 않도록 신중하게 골라보거라."

구성 上帝让年轻人说个心愿 → 年轻人说他有很多心愿 → 上帝只允许他选一个

缩写

缩写요령

원문	설명
一天清晨，上帝来到一个年轻人身边。	이야기의 서두이므로 반드시 기억한다. ➡ 一天清晨，上帝来到一个年轻人的身边。
上帝问他："你有什么心愿？说出来，我都可以为你实现，你是我的宠儿。但是记住，你只能说一个。"	하느님이 그에게 소원 하나만 말해보라고 했다는 것이 중심 내용이므로, 원문과 똑같이 대화문의 형태로 쓸 필요없이, 평서문의 형태로 간단하게 줄일 수 있다. ➡ 他让年轻人说一个心愿，
年轻人说："我有许多的心愿啊。"	이 문장 역시 평서문의 형태로 쓰면 된다. 우선 冒号(：)와 双引号(" ")를 뺀다. 그리고 젊은이의 말 속의 주어인 我는 他로 바꾸어주거나 혹은 생략한다. 그리고 어기조사 啊는 대화체에서 쓰는 것이므로 빼버린다. ➡ 可年轻人说他有很多心愿。
上帝摇摇头说："这世间美好的事实在太多，但生命有限，没有人可以拥有全部，有选择，就有放弃。来吧，慎重地选择，永不后悔。"	'上帝说…' 혹은 '上帝告诉他…' 뒤에 하느님이 그에게 한 말을 쓴다. 하느님이 그에게 한 말의 요지는 '인생은 유한하므로 선택과 포기가 있고, 그렇기에 신중하게 골라야 한다'는 것이다. ➡ 上帝告诉他只能选一个，人生有选择，就有放弃，要慎重地选。

모범답안

　　一天清晨，上帝来到一个年轻人的身边。他让年轻人说一个心愿，可年轻人说他有很多心愿。上帝告诉他只能选一个，人生有选择，就有放弃，要慎重地选。

문제 6

　　一个中年妇女在家门口碰到三位老人，她上前对老人们说："你们一定饿了，请进屋吃点东西吧！""我们不能一起进屋。"老人们说。"为什么？"中年妇女不解。一位老人指着自己的同伴说："他叫财富，他叫成功，我叫善良。你现在进屋和家人商量一下，看看需要我们当中哪一位？"那位妇女进屋商量后，出来对老人们说："善良老人，请到我家来做客吧。"

단어 碰到 pèngdào 동 우연히 만나다 ｜ 上前 shàngqián 동 앞으로 나아가다 ｜ 做客 동 zuòkè 손님이 되다

해석 한 중년여성이 집 대문에서 세 명의 노인과 우연히 마주치게 되어, 앞으로 나가서 노인들에게 말했다. "배고프시죠? 저희 집에 들어가서 먹을 것 좀 드세요!" "우리는 집 안으로 다 같이 들어갈 수 없소." 노인들이 말했다. "왜죠?" 중년여성은 이해할 수 없었다. 한 노인이 자신의 친구를 가리키며 말했다. "저 사람의 이름은 '재산', 이 사람 이름은 '성공', 내 이름은 '선량'이요. 우리들 중에 누가 필요한지 지금 집에 들어가서 가족들과 상의해 보시게." 그 여인은 집에 들어가 상의를 한 후 나와서 노인들에게 말했다. "선량 어르신, 저희 집으로 들어가시죠."

구성 妇女遇到了三位老人 → 妇女请老人到家里做客 → 老人让妇女选一个人 → 妇女的选择

缩写

缩写요령

一个中年妇女在家门口碰到三位老人，她上前对老人们说："你们一定饿了，请进屋吃点东西吧！"	원문의 대화문 형식을 '그녀가 어르신들에게 ~하기를 청했다'라고 간단한 평서문으로 바꿀 수 있다. ➡ 一位妇女在家门口碰到了三位老人，她请三位老人到家里吃点东西。
"我们不能一起进屋。"老人们说。"为什么？"中年妇女不解。一位老人指着自己的同伴说："他叫财富，他叫成功，我叫善良。你现在进屋和家人商量一下，看看需要我们当中哪一位？"	노인들이 함께 들어갈 수 없다는 말은 한 명만 골라야 한다는 말을 의미한다. '노인의 이름이 각각 财富, 成功, 善良이다'라는 내용은 '他们分别叫A, B, C'라고 쓰면 된다. ➡ 老人们介绍说，他们分别叫成功、财富、善良，并告诉妇女，她只能选一个人进去。
那位妇女进屋商量后，出来对老人们说："善良老人，请到我家来做客吧。"	가족들과 상의한 후 그녀가 선량 노인을 집으로 초대했다는 내용이 중심내용이다. ➡ 跟家人商量后，妇女决定让善良老人到家里做客。

모범답안

　　一位妇女在家门口碰到了三位老人，她请三位老人到家里吃点东西。老人们介绍说，他们分别叫成功、财富、善良，并告诉妇女，她只能选一个人进去。跟家人商量后，妇女决定让善良老人到家里做客。

Part 1

day 2 _ week 2

문제 7

　　一个男人和他的妻子在海边散步，迎面走来一个漂亮的姑娘，男人轻声说："多么漂亮的鼻子啊！如果长在你的脸上就好了。"妻子听了，反感地皱了皱眉头。不一会儿，又走来了一个漂亮的妇女，男人又悄悄地说："这张小嘴多美啊！如果长在你的脸上就好了！"妻子又撇了撇嘴。这时，过来一个瞎子，妻子连忙说："这双眼睛多好啊，如果长在你的脸上就好了。"

단어 迎面 yíngmiàn 뷔 정면으로 | 反感 fǎngǎn 혱 불만스럽다 | 皱眉头 zhòu méitóu 미간을 찌푸리다 | 悄悄地 qiāoqiāo de 넌지시 | 撇嘴 piězuǐ 툉 입을 삐죽거리다 | 瞎子 xiāzi 몡 맹인

해석 한 남자가 그의 아내와 해변을 산책하고 있는데, 맞은 편에서 아리따운 아가씨가 걸어오자 남자가 작게 말했다. "코 진짜 예쁘다! 당신 얼굴에 있었다면 좋았을 텐데." 아내는 이를 듣고 불만스럽게 미간을 찌푸렸다. 잠시 후, 또 아리따운 여자 한 명이 걸어오자 남자가 조용히 말했다. "입술 진짜 예쁘다! 당신 얼굴에 있었으면 좋았을 텐데!" 아내는 또 입을 삐죽거렸다. 이 때, 한 맹인이 걸어오자 아내가 얼른 말했다. "저 눈 얼마나 좋아, 당신 얼굴에 있었으면 좋겠네."

구성 夫妻散步 → 看见漂亮的女人 → 丈夫的言论 → 看见一个瞎子 → 妻子的言论

缩写

缩写요령

一个男人和他的妻子在海边散步，	一个男人和他的妻子는 一对夫妻 혹은 夫妻俩와 같이 간단한 표현으로 바꾸어 쓸 수 있다. ▶ 夫妻俩散步时，
迎面走来一个漂亮的姑娘，男人轻声说："多么漂亮的鼻子啊！如果长在你的脸上就好了。"	남편이 아름다운 아가씨의 코가 아내의 얼굴에 있었다면 좋았겠다고 말한 것이 중심내용이다. ▶ 丈夫看见一个漂亮姑娘，就对妻子说，如果那姑娘的鼻子长在妻子的脸上就好了，
妻子听了，反感地皱了皱眉头。不一会儿，又走来了一个漂亮的妇女，男人又悄悄地说："这张小嘴多美啊！如果长在你的脸上就好了！"妻子又撇了撇嘴。	皱眉头나 撇嘴는 필획이 복잡해 막상 쓰려면 기억이 안 날 가능성이 많다. 어려운 글자 대신 쉬우면서도 아내의 감정을 잘 표현할 수 있는 단어 反感을 선택해 기억하는 것이 좋다. ▶ 接着又看见一个漂亮姑娘，她的嘴很美，丈夫又说了同样的话，妻子很反感。
这时，过来一个瞎子，妻子连忙说："这双眼睛多好啊，如果长在你的脸上就好了。"	부인이 지나가는 맹인을 보고 저 눈이 남편의 얼굴에 있었다면 좋았겠다고 말한 것이 포인트이다. ▶ 妻子看着一个正路过的瞎子对丈夫说，如果他的眼睛长在丈夫的脸上就好了。

모범답안

　　夫妻俩散步时，丈夫看见一个漂亮姑娘，就对妻子说，如果那姑娘的鼻子长在妻子的脸上就好了，接着又看见一个漂亮姑娘，她的嘴很美，丈夫又说了同样的话，妻子很反感。妻子看着一个正路过的瞎子对丈夫说，如果他的眼睛长在丈夫的脸上就好了。

day **3** _ week **2**

문제 8

儿子在屋子里好半天也没动静。爸爸觉得很奇怪，就喊道："你在屋里半天不出来，在干什么？"爸爸进了里屋，见儿子正在看一份通知书，就一把夺过来，上面有老师写的批语："在课堂上玩弹弓，往同学衣兜里装虫子……请家长来谈话。"父亲向儿子猛吼起来："你在学校干了这么多坏事儿？"儿子向爸爸解释说："爸爸，这是从你的旧书箱里找到的。"

단어 动静 dòngjing 몡 인기척 | 喊道 hǎndào 고함치다, 소리치다 | 通知书 tōngzhīshū 몡 통지표 | 夺过来 duóguòlai 빼앗아 오다 | 弹弓 dàngōng 몡 새총 | 衣兜 yīdōu 몡 주머니, 호주머니 | 向…猛吼 xiàng … měnghǒu ~에게 크게 고함치다

해석 아들은 방 안에서 한참 동안 인기척이 없었다. 아버지는 이상하다고 여겨 소리쳤다. "너 방 안에서 종일 안 나오고 뭐하니?" 아버지는 방으로 들어갔고, 아들이 통지서를 보고 있는 것을 발견하고는 그것을 낚아챘다. 윗부분에 선생님이 쓴 문구가 '수업시간에 새총을 가지고 놀고, 친구들의 주머니 속에 벌레를 넣고…… 부모님이 학교에 오셔서 이야기를 나누었으면 합니다.'라고 적혀있었다. 아버지는 아들에게 크게 고함쳤다. "너 학교에서 못된 짓을 이렇게 많이 하고 다닌 거야?" 아들이 아버지에게 해명하며 말했다. "아빠, 이건 아빠의 오래된 서류상자 속에서 찾은 건데요."

구성 爸爸进屋看儿子在干什么 → 爸爸看了儿子手里的通知书之后的反应 → 儿子的解释

缩写

缩写요령

원문	설명
儿子在屋子里好半天也没动静。爸爸觉得很奇怪，就喊道："你在屋里半天不出来，在干什么？"	뒷부분의 아버지가 아들에게 한 말은 중요하지 않으므로 기억하지 않아도 무방하다. ➡ 儿子在屋里好半天没动静，爸爸很纳闷。
爸爸进了里屋，见儿子正在看一份通知书，就一把夺过来，上面有老师写的批语：	이야기의 자연스러운 전개를 위해서는 모두 필요한 내용이지만, 긴 문장을 짧은 시간 내에 그대로 외우기란 쉽지 않다. 기억해둔 원문 중의 중요 단어를 가지고 자신만의 서술방식으로 표현하면 된다. ➡ 进屋看见儿子手里正拿着一份通知书，他一把夺过来，见通知书上写着老师的批语，
"在课堂上玩弹弓，往同学衣兜里装虫子……请家长来谈话。"	교실에서 새총을 가지고 놀고 친구 주머니에 벌레를 넣은 일은 '말썽을 피웠다'로 정리할 수 있다. ➡ 说孩子在学校惹了事，让家长去学校谈话。
父亲向儿子猛吼起来："你在学校干了这么多坏事儿？"	아버지가 아들에게 한 말의 내용보다 아버지가 화를 낸 사실이 중요하다. ➡ 爸爸向儿子发了火儿，
儿子向爸爸解释说："爸爸，这是从你的旧书箱里找到的。"	从你的旧书箱里找到的란 표현을 기억하되, 객관적 시점으로 서술해야 하므로 인칭대사 你를 爸爸로 바꾸어준다. ➡ 儿子解释说，这份通知书是从爸爸的旧书箱里找到的。

모범답안

　　儿子在屋里好半天没动静，爸爸很纳闷。进屋看见儿子手里正拿着一份通知书，他一把夺过来，见通知书上写着老师的批语，说孩子在学校惹了事，让家长去学校谈话。爸爸向儿子发了火儿，儿子解释说，这份通知书是从爸爸的旧书箱里找到的。

Part 1

day 4 _ week 2

문제 9

一位老人退休后在乡下的旧宅里住着，他想卖掉它，另买一处更好的住宅。他请房产经纪人帮忙。房产经纪人立即给这座住宅刊出了广告。几天后，老人在一本印刷精美的杂志上看到了一幅分外诱人的照片，拍摄的正是他的旧宅，并附有一段关于花园的真实描写。读罢广告，他马上给房产经纪人打电话，告诉他说："对不起，先生，我最终决定不卖那座旧宅了。看了你在杂志上登的广告，我才发觉它正是我想住一辈子的房子。"

단어 旧宅 jiùzhái 몡 옛날 집, 오래된 집 | 房产经纪人 fángchǎn jīngjìrén 부동산 중개업자 | 印刷 yìnshuā 동 인쇄하다 | 分外诱人 fènwài yòurén 매우 매력적이다 | 拍摄 pāishè 동 (사진을) 찍다 | 登广告 dēng guǎnggào 광고를 내다 | 发觉 fājué 동 알아차리다, 깨닫다

해석 한 노인이 퇴직을 한 후 시골의 낡은 집에서 살고 있었다. 그는 그 오래된 집을 팔고 더 좋은 집 한 채를 사고 싶어서 부동산 중개업자에게 부탁하자 부동산 중개업자는 바로 광고를 실어주었다. 며칠 후, 노인은 인쇄가 잘 된 잡지 속에서 매우 매력적인 사진을 보게 되었는데, 사진에 찍힌 것은 그것은 바로 그의 낡은 집이었고 정원에 대해 묘사한 글도 덧붙여져 있었다. 광고를 다 읽은 후, 그는 바로 부동산 중개업자에게 전화를 걸어 다음과 같이 말하였다. "죄송합니다, 선생님. 저는 결국 이 낡은 집을 팔지 않기로 결정했습니다. 당신이 잡지에 실어준 그 광고를 보고서야 이 집이 바로 내가 평생 살 집이라는 것을 깨달았습니다."

구성 退休老人登了卖房广告 → 他在杂志上看到他房子的广告 → 他改变了主意，决定不卖他的房子

缩写

缩写요령

一位老人退休后在乡下的旧宅里住着，他想卖掉它，另买一处更好的住宅。他请房产经纪人帮忙。	한 퇴직한 노인이 부동산 중개업자에게 부탁해 낡은 집을 팔아달라고 한 것이 중심내용이다. ➡ 一位退休老人委托房产经纪人把他乡下的住宅卖掉。
房产经纪人立即给这座住宅刊出了广告。	틀린 글자 또는 틀린 문장은 감점 대상이다. 문장을 제대로 기억할 자신이 없다면, 자신만의 표현방식으로 쉽게 바꾸어 써도 된다. 이 부분은 **房产经纪人帮他刊出了广告**로도 바꾸어 볼 수 있다. ➡ 房产经纪人立即给这座住宅刊出了广告。
几天后，老人在一本印刷精美的杂志上看到了一幅分外诱人的照片，拍摄的正是他的旧宅，并附有一段关于花园的真实描写。读罢广告，他马上给房产经纪人打电话，	노인이 잡지에서 자신의 집 광고를 보고 부동산 중개업자에게 전화를 건 사실이 중요하므로, 이 중심내용 위주로 작문하자. ➡ 几天后，老人在杂志上看到有关他的那座住宅的广告以后，马上给经纪人打电话，
告诉他说："对不起，先生，我最终决定不卖那座旧宅了。看了你在杂志上登的广告，我才发觉它正是我想住一辈子的房子。"	집 주인이 그 집을 팔지 않기로 결정한 사실과 그 이유를 기억한다. ➡ 说他已经决定不卖房子了，因为这座房子正是他想住一辈子的房子。

모범답안

　　一位退休老人委托房产经纪人把他乡下的住宅卖掉。房产经纪人立即给这座住宅刊出了广告。几天后，老人在杂志上看到有关他的那座住宅的广告以后，马上给经纪人打电话，说他已经决定不卖房子了，因为这座房子正是他想住一辈子的房子。

Part 1

day 5 _ week 2

문제 10

爸爸正跟五岁的女儿下五子棋，电话铃响了。爸爸抓起话筒一听，是朋友老侯打来的，于是问候了一声："侯哥你好！"就和他热火朝天地聊起来。这时，女儿在沙发上一蹦而起，跑过来站在爸爸的对面，用充满崇敬的目光盯着他，一言不发。爸爸和老侯聊完，放下电话问女儿："你怎么了，为什么这样看着我？"女儿神秘地四下看看，然后小声问："爸爸，你能不能告诉我，你和孙悟空是怎么认识的？"

단어

下 xià 동 (바둑을) 두다 | 五子棋 wǔzǐqí 명 오목 | 电话铃 diànhuàlíng 명 전화벨 | 问候一声 wènhòu yìshēng 안부를 묻다 | 热火朝天 rèhuǒ cháotiān 성어 열기가 하늘을 찌르다 | 一蹦而起 yíbèng érqǐ 펄쩍 뛰어내리다 | 充满崇敬 chōngmǎn chóngjìng 존경심이 가득하다 | 孙悟空 Sūn Wùkōng 인명 손오공

해석

아버지가 다섯 살짜리 딸과 함께 오목을 두고 있는데 전화벨이 울렸다. 아버지가 수화기를 들고 들어보니, 친구 라오허우가 걸어온 전화였다. "허우 형님, 안녕하셨어요?" 안부를 묻고는 그와 열띠게 이야기를 나누었다. 이때, 딸이 소파 위에서 펄쩍 뛰어내려서는 아버지 앞으로 달려와 존경심이 가득한 눈빛으로 아버지를 빤히 바라보며 한마디도 하지 않았다. 아버지는 친구와의 이야기를 마치고 전화기를 내려놓으며 딸에게 물었다. "왜 그러니, 왜 그렇게 아빠를 쳐다봐?" 딸은 사방을 둘러보고는 작은 목소리로 물었다. "아빠, 알려주세요. 손오공이랑 어떻게 아는 사이예요?"

구성

女儿跟爸爸下棋 → 爸爸接电话 → 女儿的反应 → 女儿兴奋的原因

缩写

缩写요령

爸爸正跟五岁的女儿下五子棋，电话铃响了。爸爸抓起话筒一听，是朋友老侯打来的，	일반적으로 인명은 크게 중요하지 않지만, 이 글에서 친구의 성 **侯** hóu는 **猴子** hóuzi란 단어와 해음(谐音) 현상을 일으켜 딸이 아빠가 손오공과 통화한 것이라고 오해하게 만드는 중요한 작용을 하므로 반드시 기억해야 한다. ➡ 爸爸跟五岁的女儿下棋时，接到了朋友侯先生的电话，
于是问候了一声："侯哥你好！"就和他热火朝天地聊起来。	일반적으로 대화문은 생략하거나 평서문으로 바꾸어 쓰는 것이 좋지만, 여기서 "侯哥你好！"는 이야기 전개상 꼭 필요한 요소이므로 반드시 기억한다. ➡ 爸爸问候了一声"侯哥你好！"后就聊了起来，
这时，女儿在沙发上一蹦而起，跑过来站在爸爸的对面，用充满崇敬的目光盯着他，一言不发。	딸이 아빠 앞으로 달려와 존경하는 눈빛으로 바라봤다는 것이 중심내용이다. ➡ 女儿突然跑到爸爸的面前，用崇敬的眼光看着爸爸。
爸爸和老侯聊完，放下电话问女儿："你怎么了，为什么这样看着我？"女儿神秘地四下看看，然后小声问："爸爸，你能不能告诉我，你和孙悟空是怎么认识的？"	아빠가 전화를 끊자 딸이 신기한 듯 손오공과 어떻게 아느냐고 물었다는 내용이 들어가면 된다. ➡ 爸爸打完电话后问女儿怎么了，女儿神秘地问他跟孙悟空是怎么认识的。

모범답안

　　爸爸跟五岁的女儿下棋时，接到了朋友侯先生的电话，爸爸问候了一声"侯哥你好！"后就聊了起来，女儿突然跑到爸爸的面前，用崇敬的眼光看着爸爸。爸爸打完电话后问女儿怎么了，女儿神秘地问他跟孙悟空是怎么认识的。

Note

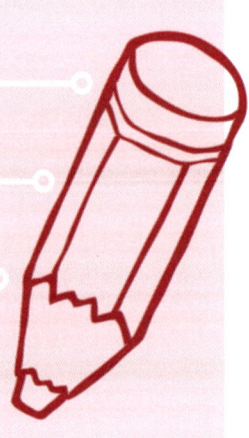

新HSK 백발백중 6급 쓰기 트레이닝

PART 1. 短文缩写

PART 2. 文章段落缩写

PART 3. 1000字左右文章的缩写

PART 4. 模拟考试 & 参考答案

Part 2 文章段落缩写

200자 내외로 줄여보자!

day 1 _ week 3

문제 1

　　有一次一个高尔夫球手赢得了一场锦标赛的冠军，他领到支票后微笑着从记者的包围中出来，到停车场准备开车回俱乐部。这时候一位老妇人走近他，向他表示祝贺并说她可怜的孙子病得很重——也许会死掉——而她却无论如何也付不起昂贵的医药费和住院费。高尔夫球手被她的讲述深深地打动了。他二话没说，掏出笔在刚刚赢得的支票上飞快地签了名，然后塞给那位老妇人。

　　一个星期后，高尔夫球手正在一家乡村俱乐部进午餐。全国职业高尔夫球联合会的官员走进来，问他一周前是不是遇到一位自称自己的孙子病得很重的老妇人。高尔夫球手点头。"哦，这对你来说是个坏消息，"官员说道，"那个女人是个骗子，她根本就没有病得很重的孙子。我的朋友，你让人给骗了。"

　　高尔夫球手长吁了一口气："噢，是吗？她的孙子没得病？那太好了，这是我一个星期以来听到的最好的消息。"

단어

高尔夫球 gāo'ěrfūqiú 圆 골프 | 锦标赛 jǐnbiāosài 圆 선수권 대회 | 赢得冠军 yíngdé guànjūn 우승을 차지하다 | 领到 lǐngdào 통 받다, 수령하다 | 支票 zhīpiào 圆 수표 | 向…表示祝贺 xiàng … biǎoshì zhùhè ~에게 축하를 표하다 | 付不起 fùbuqǐ (경제적 능력이 모자라) 돈을 낼 수가 없다 | 签名 qiānmíng 통 서명하다 | 自称 zìchēng 통 스스로 일컫다 | 骗子 piànzi 圆 사기꾼 | 长吁了一口气 cháng xūle yì kǒu qì 긴 한숨을 내쉬다

해석

한 골프선수가 선수권 대회에서 우승을 차지하고는, 수표를 받은 후 미소를 지으며 둘러싸고 있던 기자들 사이에서 빠져 나와 주차장에서 클럽에 갈 준비를 하였다. 이때 한 노부인이 그에게 다가와 축하의 말을 건네고는, 가여운 손자가 병이 깊어 죽어가는데, 자신은 어찌해도 비싼 약값과 입원비를 댈 능력이 없다고 말했다. 골프선수는 그녀의 이야기에 마음이 아파왔다. 그래서 그는 두말 않고 펜을 꺼내 방금 받은 수표 위에 재빠르게 서명을 하고는 수표를 노부인의 주머니에 넣어주었다.

일주일 후, 골프선수가 컨트리 클럽에서 오찬을 즐기고 있을 때였다. 전국 프로골프연합회의 한 단원이 다가오더니, 일주일 전에 자기 손자가 중병에 걸렸다고 말하는 노부인을 만나지 않았냐고 물었고, 골프선수는 고개를 끄덕였다. "아, 이거 정말 안됐군요." 단원이 말했다. "그 여자는 사기꾼이에요, 그녀의 손자는 중병에 걸리지 않았어요. 아이구, 당신 속으셨네요."
골프선수는 긴 한숨을 내쉬고는 말했다. "아, 정말이요? 손자가 병에 걸리지 않았어요? 그럼 정말 다행이네요, 내가 일주일 동안 들은 중에 제일 기쁜 소식이군요."

구성

高尔夫球手赢得了一场锦标赛的冠军领到支票 → 遇到了老妇人 → 妇人向他诉说自己的苦衷 → 高尔夫球手把支票给了老妇人 → 有人告诉他老妇人的真实情况 → 球手的反应

week 3 training

缩写

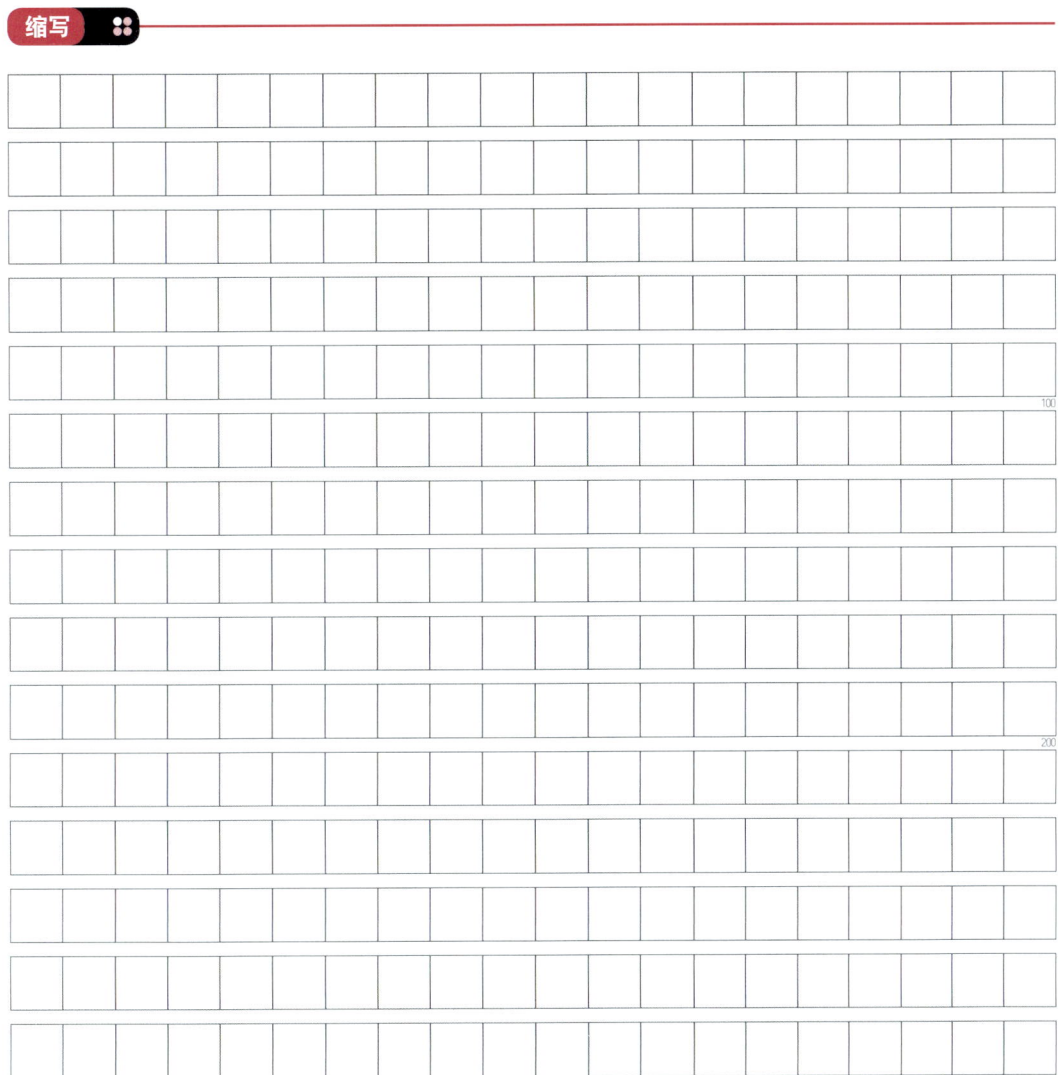

缩写요령

有一次一个高尔夫球手赢得了一场锦标赛的<u>冠军</u>，<u>他领到支票后</u>微笑着从记者的包围中出来，到停车场准备开车回俱乐部。

표시된 부분을 따라 읽으며 중심내용을 파악해보자. 원문을 읽을 때, 이야기의 전개에 영향을 미치지 않는 수식어들은 미련없이 버려야 한다. 그런 후 복잡한 문장은 뜻이 변하지 않는 범위 내에서 간단한 문장으로 바꾸어 기억한다.

➡ 有一次一个高尔夫球手赢得了冠军，领了支票后，他准备离开。

Part2 文章段落缩写

这时候一位老妇人走近他，向他表示祝贺并说她可怜的孙子病得很重——也许会死掉——而她却无论如何也付不起昂贵的医药费和住院费。	➡ 这时一位老妇人走近他，向他表示祝贺并说自己的孙子得了重病，因付不起住院费也许会死掉。
高尔夫球手被她的讲述深深地打动了。他二话没说，掏出笔在刚刚赢得的支票上飞快地签了名，然后塞给那位老妇人。	二话没说는 여기서 망설이지 않았다는 것을 의미하므로 毫不犹豫地로 바꾸어 쓸 수도 있다. ➡ 高尔夫球手听后被打动，毫不犹豫地把那张支票塞给了老妇人。
一个星期后，高尔夫球手正在一家乡村俱乐部进午餐。全国职业高尔夫球联合会的官员走进来，问他一周前是不是遇到一位自称自己的孙子病得很重的老妇人。高尔夫球手点头。"哦，这对你来说是个坏消息，"官员说道，"那个女人是个骗子，她根本就没有病得很重的孙子。我的朋友，你让人给骗了。"	이 문단에서는, 일주일 후 어떤 사람이 그에게 나쁜 소식 하나를 알려주었다는 것이 중요하다. ➡ 一个星期后，这个球手在俱乐部进餐时有人告诉他一个坏消息，那个老妇人是个骗子，她根本没有病重的孙子。 (Tip) 여기에서는 소식을 알려준 사람의 신분이나 그가 골프선수에게 노부인을 만난 것을 확인한 사실 등은 중요하지 않다。
高尔夫球手长吁了一口气："噢，是吗？她的孙子没得病？那太好了，这是我一个星期以来听到的最好的消息。"	원문처럼 대화문의 형태로 써도 되고, 골프선수가 그 소식을 듣고 오히려 기뻐했다는 내용이 들어가도록 하여 평서문으로 간단히 바꾸어 써도 무방하다. ➡ 高尔夫球手听了这个消息后说："那太好了，这是我一个星期以来听到的最好的消息。"

好消息

　　有一次一个高尔夫球手赢得了冠军,领了支票后,他准备离开。这时一位老妇人走近他,向他表示祝贺并说自己的孙子得了重病,因付不起住院费也许会死掉。高尔夫球手听后被打动,毫不犹豫地把那张支票塞给了老妇人。

　　一个星期后,这个球手在俱乐部进餐时有人告诉他一个坏消息,那个老妇人是个骗子,她根本没有病重的孙子。高尔夫球手听了这个消息后说:"那太好了,这是我一个星期以来听到的最好的消息。"

문제 2

　　年轻的妈妈带着儿子去拜访朋友。在公共汽车上，一位背着大包的青年挤进了车厢，妈妈被大包撞到一边。儿子关切地问："妈妈，你没事吧？"同时他瞪了那位青年一眼，喊了一句："没礼貌！"妈妈看着儿子，说道："可不能这么说，这位叔叔不是故意的。"这时，那位青年也连连向她道歉。儿子听到这些，惭愧地低下了头。

　　几天后，妈妈早早下了班，她骑着车子来到学校，准备接儿子回家，结果发现儿子的手破了皮，血一滴滴往下淌。妈妈心痛极了，赶快找来了一些纱布，将伤口包好。然后就去问老师是怎么回事，老师也很纳闷儿，因为既没有看到他来报告，也没有听到他哭过。

　　妈妈不解地问："为什么不告诉老师呢？"儿子笑着说道："妈妈，小朋友不是有意弄伤我的呀！为这事儿，他已经深感不安了，如果我再去告诉老师，他会更加自责的。"妈妈听了，高兴地摸着儿子的头说："好孩子，你已经学会了谅解别人。"

단어 拜访 bàifǎng 图 방문하다 | 挤进 jǐjìn 图 비집고 들어가다 | 关切 guānqiè 图 친절하다 | 向…道歉 xiàng…dàoqiàn ~에게 사과하다 | 惭愧 cánkuì 图 부끄럽다, 창피하다 | 往下淌 wǎng xià tǎng 흘러내리다 | 伤口 shāngkǒu 图 상처 | 纱布 shābù 图 거즈 | 纳闷儿 nàmènr 图 답답하다, 알고 싶다 | 自责 zìzé 图 자책하다 | 谅解 liàngjiě 图 이해하다

해석 젊은 엄마가 아들을 데리고 친구 집에 놀러 가는 길이었다. 버스 안에서 큰 짐을 짊어진 청년이 차 안으로 비집고 들어오다가 엄마가 그 짐에 몸을 부딪혔다. 아들은 엄마에게 "엄마, 괜찮아?"라고 친절하게 묻고는 그 청년을 째려보며 고함쳤다. "정말 예의 없어!" 엄마는 아들을 보며 이야기했다. "그렇게 말해선 안 돼, 저 아저씨가 일부러 그런 것도 아니잖아." 이때 그 청년도 그녀에게 연거푸 사과하고 있었다. 아들은 그 말을 듣고는 부끄러워 고개를 숙였다.
며칠 후, 엄마가 일찍 퇴근해서 자전거를 타고 학교에 가서 아들을 집에 데리고 오려 했는데, 아들의 손 살갗이 까져서 피가 뚝뚝 떨어지는 것을 보게 되었다. 엄마는 매우 마음이 아파서 재빨리 붕대를 구해다가 상처 부위에 감아주었다. 그리고는 선생님께 가서 어떻게 된 일이냐고 물었지만, 아들이 선생님께도 말하지 않고 울지도 않아서 선생님도 답답해 하셨다.
엄마는 이해할 수 없다는 듯이 물었다. "왜 선생님께 알리지 않았니?" 아들이 웃으며 말하였다. "엄마, 친구가 일부러 상처를 낸 것도 아니잖아요! 이 일 때문에 그 친구는 이미 마음이 불편한데, 내가 선생님께 가서 일렀다면 더욱 자책했을 거예요." 엄마는 이 말을 듣고 흐뭇해 하며 아들의 머리를 쓰다듬으며 말했다. "착한 우리 아들, 벌써 다른 사람을 용서하고 이해할 줄 아는구나."

구성 妈妈和儿子在公共汽车上发生的事 → 儿子的反省 → 妈妈去儿子的学校发现儿子受伤 → 妈妈发现儿子为人处事的变化 → 妈妈的称赞

缩写

缩写요령

年轻的妈妈带着儿子去拜访朋友。在公共汽车上，一位背着大包的青年挤进了车厢，妈妈被大包撞到一边。儿子关切地问："妈妈，你没事吧？"同时他瞪了那位青年一眼，喊了一句："没礼貌！"

버스 안에서 한 청년의 짐이 엄마에게 부딪치자 아들이 청년에게 화를 낸 것이 중심내용이다.

▶ 年轻的妈妈领着儿子坐公共汽车时，一位青年背的大包撞到了妈妈的身上，儿子不满地向那个青年喊："没礼貌。"

Part 2

妈妈看着儿子，说道："可不能这么说，这位叔叔不是故意的。"这时，那位青年也连连向她道歉。儿子听到这些，惭愧地低下了头。	이 부분은 엄마가 아이를 타이르는 장면이다. 평서문으로 바꾸어 쓸 수도 있고, 원문처럼 대화문의 형태로 "他不是故意的。"라고 써도 된다. 왜냐하면 아들이 엄마의 타이름으로 인해 자신의 잘못을 깨닫고, 뒤의 이야기에서 아들이 엄마의 말을 똑같이 인용하기 때문에 대화문 형태를 그대로 유지함으로써 강조의 효과를 볼 수도 있다. ➡ 妈妈对儿子说，那个青年不是故意的，不应该那样。儿子惭愧地低下了头。
几天后，妈妈早早下了班，她骑着车子来到学校，准备接儿子回家，结果发现儿子的手破了皮，血一滴滴往下淌。妈妈心痛极了，赶快找来了一些纱布，将伤口包好。然后就去问老师是怎么回事，老师也很纳闷儿，因为既没有看到他来报告，也没有听到他哭过。	이 부분에서는 엄마가 일찍 퇴근했든, 무엇을 타고 갔든 그건 중요하지 않다. 기억해야 할 것은 엄마가 학교로 아이를 데리러 간 사실이다. ➡ 几天后，妈妈去学校接儿子回家，发现儿子的手破了，心痛极了，去问老师，可老师也不知道此事。 (Tip) 모르는 단어가 나온다면 당황하지 말고 앞뒤 문맥을 통해 뜻을 이해하자. 예를 들어, 纳闷儿이란 단어를 모른다고 하더라도 앞뒤 문맥으로 선생님도 그 일에 대해 모른다는 내용을 유추할 수 있다.
妈妈不解地问："为什么不告诉老师呢？"儿子笑着说道："妈妈，小朋友不是有意弄伤我的呀！为这事儿，他已经深感不安了，如果我再去告诉老师，他会更加自责的。"	➡ 妈妈不解地问儿子为什么不告诉老师，儿子说那个孩子不是有意伤害自己的。
妈妈听了，高兴地摸着儿子的头说："好孩子，你已经学会了谅解别人。"	엄마가 자신의 아들이 다른 사람을 이해하는 법을 배운 것을 기뻐했다는 내용이 포인트이다. ➡ 妈妈知道了自己的儿子已经学会了谅解别人，非常高兴。

儿子的变化

年轻的妈妈领着儿子坐公共汽车时,一位青年背的大包撞到了妈妈的身上,儿子不满地向那个青年喊:"没礼貌。"妈妈对儿子说,那个青年不是故意的,不应该那样。儿子惭愧地低下了头。

几天后,妈妈去学校接儿子回家,发现儿子的手破了,心痛极了,去问老师,可老师也不知道此事。妈妈不解地问儿子为什么不告诉老师,儿子说那个孩子不是有意伤害自己的。妈妈知道了自己的儿子已经学会了谅解别人,非常高兴。

day 3 _ week 3

문제 3

有一位父亲是个农场主。有一天，他觉得园中的那座亭子已经太破旧了，就安排工人们准备将它拆掉。农场主的儿子对拆亭子这事儿很感兴趣，于是对父亲说："爸爸，我想看看你们怎么拆掉这座亭子，等我从寄宿学校放假回来再拆好吗？"父亲答应了。可是，等孩子走后，工人们很快就把亭子拆掉了。

孩子放假回来后，发现旧亭子已经不见了。他闷闷不乐地对父亲说："爸爸，你对我撒谎了。"父亲惊异地看着儿子。儿子说："你说过的，那座旧亭子等我回来再拆。"父亲说："孩子，爸爸错了，我应该兑现自己的诺言。"

这位父亲重新招来了工人，让他们按照旧亭子的模样在原来的地方再造一座亭子。亭子造好后，他把孩子叫来，然后对工人们说："请你们把它拆掉。"

단어

农场主 nóngchǎngzhǔ 명 농장주(인) ǀ 破旧 pòjiù 형 (오래되어) 허름하다, 낡다 ǀ 将…拆掉 jiāng … chāidiào ~을 뜯어내다, 허물다 ǀ 对…很感兴趣 duì … hěn gǎn xìngqù ~에 관심이 많다 ǀ 闷闷不乐 mènmèn búlè 성어 의기소침하다 ǀ 撒谎 sāhuǎng 동 거짓말을 하다 ǀ 兑现诺言 duìxiàn nuòyán 약속을 지키다

해석

농장주인 아버지가 어느 날 정원에 있는 정자가 너무 낡다고 느껴져서 인부들에게 그것을 철거하라고 시켰다. 농장주의 아들은 정자를 철거하는 일에 관심이 있어 아버지께 말했다. "아버지, 저 그 정자를 어떻게 부수는지 보고 싶은데, 저 방학하고 기숙학교에서 돌아온 다음에 부수면 안 돼요?" 아버지는 승낙했지만, 아들이 떠난 후 인부들은 서둘러 정자를 철거했다.

아들이 방학을 하여 집에 돌아와 낡은 정자가 이미 사라진 것을 보고는 풀이 죽어서 말했다. "아버지, 저한테 거짓말을 하셨어요." 아버지는 놀라서 아들을 바라봤고, 아들이 말했다. "아버지가 그 정자는 내가 돌아오면 허물 거라고 말씀하셨잖아요." 아버지는 말했다. "얘야, 내가 잘못했다. 내가 너와의 약속을 지켰어야 하는 건데."

아버지는 다시 인부들을 불러 원래의 자리에 옛날 정자의 본래 모습대로 다시 정자를 짓게 했다. 정자가 완성된 후, 그는 아들을 불러와 인부들에게 말했다. "다시 부수세요."

구성

农场主准备拆亭子 → 儿子的请求 → 父亲没有遵守自己的诺言，拆了亭子 → 儿子从学校回来后的反应 → 父亲向儿子道歉 → 重新盖了一个亭子然后拆掉

缩写

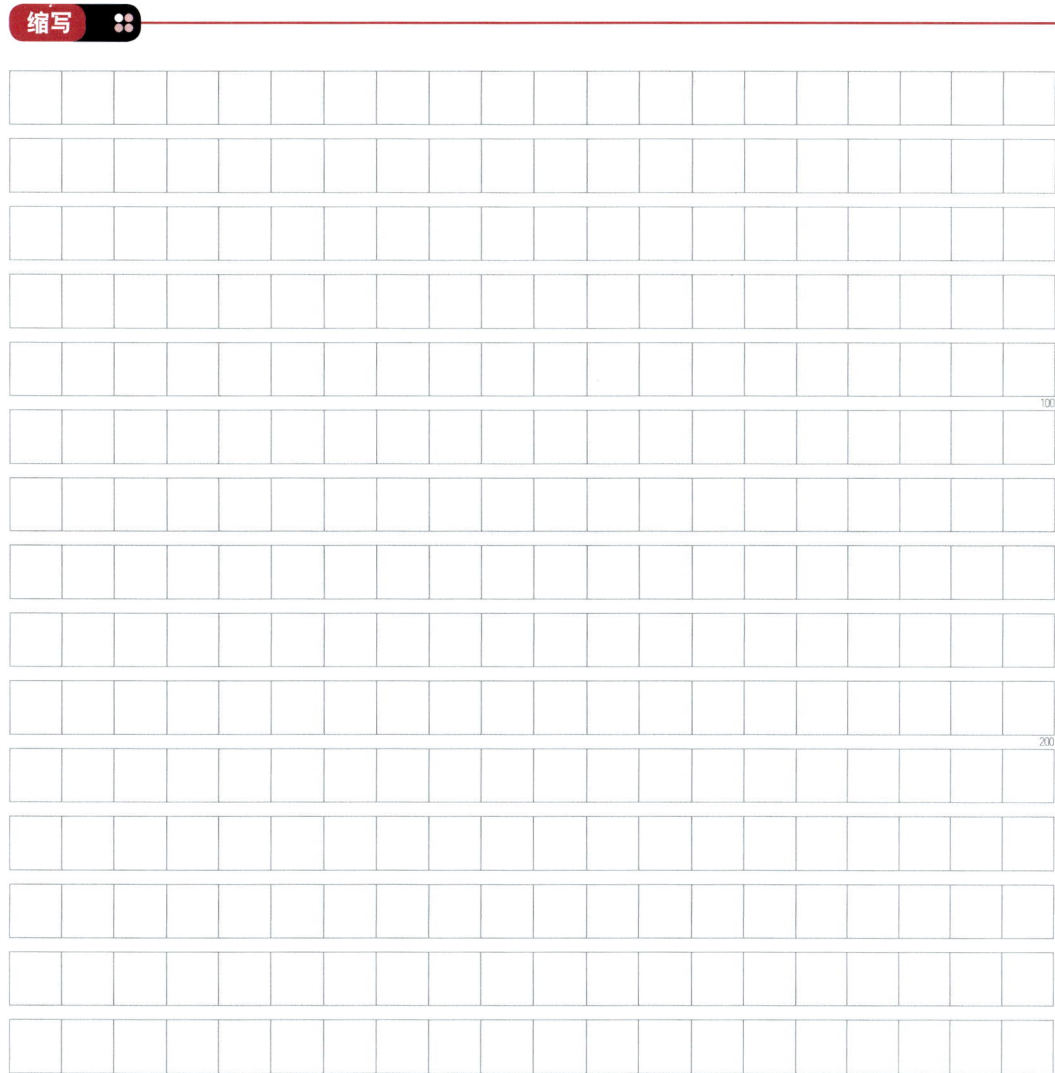

缩写要령

有一位父亲是个农场主。有一天，他觉得园中的那座亭子已经太破旧了，就安排工人们准备将它拆掉。

那座亭子已经太破旧了는 '주어+술어'의 형태인데, 이것을 那座旧亭子와 같이 '관형어+중심어'의 형태로 바꾸면 문장이 간단해진다.
▶ 有一位农场主，他准备让工人拆掉园中的一座旧亭子。

农场主的儿子对拆亭子这事儿很感兴趣，于是对父亲说："爸爸，我想看看你们怎么拆掉这座亭子，等我从寄宿学校放假回

아들의 말 중 我想看看你们怎么拆掉这座亭子는 앞 문장에 나온 对这事儿很感兴趣와 같은 의미이므로 과감히 버린다.
▶ 农场主的儿子对此很感兴趣，他跟爸爸说一定要等他放假回来

Part 2

来再拆好吗?"父亲答应了。	再拆,父亲答应了。
可是,等孩子走后,工人们很快就把亭子拆掉了。	➡ 可是孩子走后,工人就把亭子拆掉了。
孩子放假回来后,发现旧亭子已经不见了。他闷闷不乐地对父亲说:"爸爸,你对我撒谎了。"父亲惊异地看着儿子。儿子说:"你说过的,那座旧亭子等我回来再拆。"	➡ 孩子放假回来后发现亭子不见了。很不高兴地问爸爸为什么对自己撒谎。
父亲说:"孩子,爸爸错了,我应该兑现自己的诺言。"	爸爸错了,我应该兑现自己的诺言 중 兑现이란 단어를 모른다 하더라도 겁먹지 말자. 앞뒤 문맥을 통해 거짓말을 한 아버지가 자신의 잘못을 인정하는 말이라는 것만 파악하면 된다. 认错를 사용해 대화문을 서술문으로 바꾸어주면 간단해진다. ➡ 爸爸向儿子认了错,
这位父亲重新招来了工人,让他们按照旧亭子的模样在原来的地方再造一座亭子。亭子造好后,他把孩子叫来,然后对工人们说:"请你们把它拆掉。"	일꾼들에게 원래 모양과 같게 다시 정자를 지으라고 한 것이므로, 원문의 표현대로 让工人按照旧亭子的模样再造一座亭子라고 할 수도 있고, 让工人重新造了一个跟原来一样的亭子라고 표현할 수도 있다. ➡ 然后让工人们重新造了一个跟原来一样的亭子,再拆掉。

모범답안

```
            父 亲 的 诺 言
    有 一 位 农 场 主 , 他 准 备 让 工 人 拆 掉 园 中 的
一 座 旧 亭 子 。 农 场 主 的 儿 子 对 此 很 感 兴 趣 , 他
跟 爸 爸 说 一 定 要 等 他 放 假 回 来 再 拆 , 父 亲 答 应
了 。 可 是 孩 子 走 后 , 工 人 就 把 亭 子 拆 掉 了 。 孩
子 放 假 回 来 后 发 现 亭 子 不 见 了 。 很 不 高 兴 地 问
```

爸爸为什么对自己撒谎。爸爸向儿子认了错,然后让工人们重新造了一个跟原来一样的亭子,再拆掉。

day 4 _ week 3

문제 4

有一个不会游泳的人掉进了海里，他认为即使他不会游泳也不会淹死，因为他相信上帝会在重要时刻来解救他。就在他快被淹死的时候，有一艘船经过，船上的人叫他赶快上船，他回答："不用了，上帝一定会来救我的。"这个人一直在海中挣扎，这时又来了另一艘船，船上的人又叫他赶快上船，他还是回答说："不用了，上帝一定会来救我的。"

正在这千钧一发的生死关头，空中飞来了一架直升飞机，一根绳子从空中放了下来，机上人员告诉他："朋友快上来吧！你会被淹死的。"这个人还是回答说："不用了，上帝一定会来救我的。"因为他错过了许多获救的机会，最后还是被淹死了。

等他到了天堂，他很不服气地责问上帝为什么不肯来救他。上帝说："你胡说八道，我派了两艘船、一架直升机，是你自己没有把握住机会。"

단어 掉进 diàojìn 동 빠지다 | 淹死 yānsǐ 동 물에 빠져 죽다 | 上帝 shàngdì 명 하느님 | 解救 jiějiù 동 구하다 | 一艘船 yì sōu chuán 배 한 척 | 挣扎 zhēngzhá 동 발버둥치다 | 千钧一发 qiānjūn yífà 성어 매우 위험하다 | 生死关头 shēngsǐ guāntóu 생사의 갈림길 | 直升飞机 zhíshēng fēijī 헬리콥터 | 一根绳子 yì gēn shéngzi 밧줄 하나 | 错过机会 cuòguò jīhuì 기회를 놓치다 | 胡说八道 húshuō bādào 성어 허튼소리를 지껄이다 | 把握机会 bǎwò jīhuì 기회를 (단단히) 붙잡다

해석 수영을 할 줄 모르는 어떤 사람이 바다에 빠졌다. 그는 하느님이 중요한 순간에 그를 구하러 올 것이라고 믿었기 때문에, 자신이 수영을 못 하지만 물에 빠져 죽지는 않을 것이라고 생각했다. 그가 물에 빠져 허덕일 때 배 한 척이 지나갔다. 배 위의 사람들은 그에게 빨리 배에 올라타라고 했지만 그는 "됐어요, 하느님이 반드시 날 구하러 와주실 거예요."하고 대답했다. 이 남자가 계속 바다 속에서 발버둥치고 있을 때, 또 배 한 척이 다가왔다. 배 위의 사람들은 그에게 빨리 배에 올라타라고 했지만 그는 또 "됐어요, 하느님이 반드시 날 구하러 와주실 거예요."라고 대답했다.

그가 생사의 기로에 놓여 매우 위험할 때, 하늘에서 헬기 한 대가 날아와 밧줄을 내려주며 헬기 위의 요원이 그에게 말했다. "빨리 올라오세요! 이러다 빠져 죽겠어요." 그는 여전히 "됐어요, 하느님이 반드시 날 구하러 와주실 거예요."라고 답했다. 그는 구조될 여러 번의 기회를 놓쳐서 결국 익사하고 말았다.

그는 천당에 올라가 왜 자기를 구하러 오지 않았느냐고 하느님에게 억울한 듯 따져 물었다. 하느님은 말했다. "허튼 소리 말거라. 나는 배 두 척과 헬기 한 대를 보냈지만, 네가 그 기회를 붙잡지 못한 것이다."

구성 不会游泳的人掉进海里 → 他相信上帝 → 快被淹死 → 有两艘船和一架直升飞机来救他，被他拒绝 → 被淹死 → 责问上帝为什么不救他 → 上帝的回答

缩写

缩写요령

有一个不会游泳的人掉进了海里，他认为即使他不会游泳也不会淹死，因为他相信上帝会在重要时刻来解救他。

就在他快被淹死的时候，有一艘船经过，船上的人叫他赶快上船，他回答："不用了，上帝一定会来救我的。"

➡ 有一个不会游泳的人掉进海里，他相信他不会淹死，因为上帝会来解救他。

이 글에서 **上帝一定会来救我的**란 말은 세 번이나 등장하므로 이 글에서 중요한 역할을 한다고 할 수 있다. 보통 대화문이 나오면 평서문으로 바꾸어 쓰는데, 이 문장은 중요하므로 한 번쯤은 대화문 형태 그대로 언급해주고, 중국어의 특징상 같은 말이 계속 반복되는 것은 꺼려하므로 뒤쪽은 **用同样的话拒绝了** 혹은 **又拒绝了**와 같이 평서문의 형태로 쓸 수 있다.

➡ 他在海里快淹死的时候，有一条船来救他，他拒绝了，他说："上帝会来救我的。"

Tip 艘는 배를 세는 양사인데, 필획이 복잡하여 기억하기 쉽지 않다. 이 경우 우리가 흔히 사용하는 양사 条를 쓰면 된다. 条는 모양이 가늘고 길쭉한 것을 세는 양사로 배를 세는 데 쓰기도 한다.

这个人一直在海中挣扎，这时又来了另一艘船，船上的人又叫他赶快上船，他还是回答说："不用了，上帝一定会来救我的。"

➡ 当第二条船来救他时，又被他拒绝了。

正在这千钧一发的生死关头，空中飞来了一架直升飞机，一根绳子从空中放了下来，机上人员告诉他："朋友快上来吧！你会被淹死的。"这个人还是回答说："不用了，上帝一定会来救我的。"

➡ 就在这生死关头，一架直升飞机放下一根绳子来救他，可他像前两次一样又拒绝了，

因为他错过了许多获救的机会，最后还是被淹死了。
等他到了天堂，他很不服气地责问上帝为什么不肯来救他。

➡ 最后被淹死了。当他来到天堂时质问上帝为什么不来救他，

上帝说："你胡说八道，我派了两艘船、一架直升机，是你自己没有把握住机会。"

이야기의 결말 부분인 마지막 문장은 반드시 기억한다.

➡ 上帝回答说："我派了两条船和一架直升飞机，是你没把握住机会。"

溺水者

　　有一个不会游泳的人掉进了海里,他相信他不会淹死,因为上帝会来解救他。他在海里快淹死的时候,有一条船来救他,他拒绝了,他说:"上帝会来救我的。"当第二条船来救他时,又被他拒绝了。就在这生死关头,一架直升飞机放下一根绳子来救他,可他像前两次一样又拒绝了,最后被淹死了。当他来到天堂时质问上帝为什么不来救他,上帝回答说:"我派了两条船和一架直升飞机,是你没把握住机会。"

문제 5

有个大富翁，渡河的时候翻了船，大喊救命。一个船夫听到喊声，划着小船去救他。船还没到，大富翁说道："快来救我！上了岸我给你一百两金子，我有的是钱。"船夫把他拉上船，送他上岸，富翁只给了那船夫十两金子。船夫说："方才你说给我一百两金子，如今才给十两，怎么能这样！"

大富翁听了斥责道："你不过是个船夫！一天才能挣多少钱，现在一下就赚了十两金子，你还不满足？再啰嗦，连这十两都没有！"船夫沉默不语，摇摇头走了。

不料，过了一个月，大富翁乘船顺江而下，船撞在礁石上翻了，他又落水了。刚好船夫在岸边钓鱼，听到大富翁喊救命，他一动也不动。有人问他："你为什么不去救他？"船夫回答说："这就是那个没有信用的人。"听了船夫的话，没有一个人去救，最后大富翁淹死了。

단어 富翁 fùwēng 명 부자 | 渡河 dùhé 동 강을 건너다 | 翻船 fānchuán 동 배가 뒤집히다 | 船夫 chuánfū 명 사공 | 方才 fāngcái 부 방금, 조금 전 | 斥责 chìzé 동 질책하다, 꾸짖다 | 啰嗦 luōsuo 동 수다스럽다/성가시다 | 沉默不语 chénmò bùyǔ 아무 말이 없다 | 不料 búliào 접 뜻밖에, 의외로 | 撞 zhuàng 동 부딪치다 | 礁石 jiāoshí 명 암초 | 落水 luòshuǐ 물에 빠지다 | 钓鱼 diàoyú 동 낚시하다

해석 한 부자가 강을 건널 때 배가 뒤집어졌다. 살려달라고 크게 소리치자 한 사공이 그 고함소리를 듣고 작은 배를 저어 그를 구하러 갔다. 배가 아직 닿지도 않았는데, 부자가 말했다. "빨리 저 좀 살려주세요! 육지에 가면 금 100냥을 드리다. 나 돈 많아요." 사공은 그를 배 위로 끌어올려 육지까지 실어다 주었지만 부자는 사공에서 금 10냥밖에 주지 않았다. 사공은 "조금 전에 나한테 금 100냥을 주겠다 해놓고, 이제 와서 10냥 밖에 안 주다니, 어떻게 이럴 수 있소!"라고 말했다.
부자는 질책하며 말했다. "당신은 사공에 불과하오! 하루 일해서 겨우 돈 몇 푼 버는데, 지금 단번에 금 10냥을 주었잖소, 그래도 만족을 못하는 거요? 더 지껄이면 이 10냥조차도 없을 것이오!" 사공은 말없이 고개를 저으며 가버렸다.
한 달이 지난 후, 부자가 배를 타고 강을 따라 내려가고 있었는데, 예상치 못하게 배가 암초에 부딪혀서 뒤집혔고, 그는 또 물에 빠지게 되었다. 때마침 사공이 강기슭에서 낚시를 하고 있었는데 부자가 살려달라고 고함치는 것을 듣고도 전혀 움직이지 않았다. 어떤 이가 그에게 물었다. "왜 저 사람을 구하러 가지 않는 겁니까?" 사공이 대답했다. "저 사람은 신용이 없는 사람이기 때문입니다." 사공의 말을 들은 후, 그를 구하러 가는 사람은 한 명도 없었고, 결국 부자는 물에 빠져 죽고 말았다.

구성 一个大富翁掉进水里喊救命 → 船夫来救他 → 大富翁对船夫的承诺 → 富翁没有遵守自己的承诺 → 大富翁再次落水 → 人们的反应 → 大富翁被淹死

缩写

缩写요령

有个大富翁,渡河的时候翻了船,大喊救命。

➡ 有个大富翁,在河里翻了船,大喊救命。

一个船夫听到喊声,划着小船去救他。船还没到,大富翁说道:"快来救我!上了岸我给你一百两金子,我有的是钱。"船

한 부자가 물에 빠졌는데, 자기를 살려주면 금 100냥을 주겠다고 하고서는 막상 살려주니 10냥 밖에 주지 않았다는 것이 주요내용이다.

➡ 他对一个赶来救他的船夫说,如果救他的话会给他一百两金

Part 2

夫把他拉上船，送他上岸，富翁只给了那船夫十两金子。	子。等上岸后他却只给了那个船夫十两金子。
船夫说："方才你说给我一百两金子，如今才给十两，怎么能这样！"大富翁听了斥责道："你不过是个船夫！一天才能挣多少钱，现在一下子就赚了十两金子，你还不满足？再啰嗦，连这十两都没有！"船夫沉默不语，摇摇头走了。	船夫说："方才你说给我一百两金子，如今才给十两，怎么能这样！" 이 문장은 船夫问他为什么只给他十两으로 간단히 표현할 수 있다. ➡ 船夫问为什么只给他十两，富翁斥责那个船夫说，一个船夫能得到十两金子就应该满足。船夫无可奈何地走了。
不料，过了一个月，大富翁乘船顺江而下，船撞在礁石上翻了，他又落水了。	부자가 또 물에 빠지게 된 것이 포인트이다. 어떻게 하다가 물에 빠졌는지는 중요하지 않다. ➡ 不料，大富翁又不幸落水。
刚好船夫在岸边钓鱼，听到大富翁喊救命，他一动也不动。有人问他："你为什么不去救他？"船夫回答说："这就是那个没有信用的人。" 听了船夫的话，没有一个人去救，最后大富翁淹死了。	부자는 신용이 없는 사람이기 때문에 사공이 구해주지 않았고 결국 부자가 물에 빠져 죽었다는 것이 중심내용이므로, **没有信用的人**과 **最后大富翁淹死了**와 같은 구문들을 꼭 기억한다. ➡ 刚好那个船夫听到他喊救命，可他一动也不动。有人问他为什么不去救大富翁，船夫说他是个没有信用的人，最后大富翁淹死了。

모범답안

　　　　　　富翁之死
　　有个大富翁，在河里翻了船，大喊救命。
他对一个赶来救他的船夫说，如果救他的话会
给他一百两金子。等上岸后他却只给了那个船
夫十两金子。船夫问为什么只给他十两，富翁
斥责那个船夫说，一个船夫能得到十两金子就
应该满足。船夫无可奈何地走了。
　　不料，大富翁又不幸落水。刚好那个船夫

听到他喊救命，可他一动也不动。有人问他为什么不去救大富翁，船夫说他是个没有信用的人，最后大富翁淹死了。

day 1 _ week 4

문제 6

很久以前，印度有一位富裕的农夫。一天，一位陌生的老和尚告诉他："世界上有一种叫钻石的东西，如果有人拥有拇指大的一块，就可以买下附近的所有土地，如果拥有一座金矿，就有可能成为国王。"老和尚还说："在流着白沙的河川里可以找到钻石。"

农夫决定去寻找钻石，他卖掉了所有的田产，离开家人踏上了寻钻的旅途。他找呀找，旅费用完了，力气用尽了，依然没有发现宝藏，失望的农夫最终绝望地投海自杀了。

故事并没有结束。一天，买了农夫田地的男子牵着骆驼来到后院的小河饮水，小河中的白沙中不断闪出的光芒引起了他的注意，男子将发光的石子掘起捧回家中。几天后，那位老和尚再次到来，看到了发光的石子。他急忙来到后院的河边，发现一堆一堆散发着美丽光泽的钻石呈现在他眼前。

단어 印度 Yìndù 지명 인도 | 富裕 fùyù 형 넉넉하다, 풍요롭다 | 和尚 héshang 명 중, 승려 | 钻石 zuànshí 명 다이아몬드 | 拇指 mǔzhǐ 명 엄지손가락 | 金矿 jīnkuàng 명 금광 | 踏上了…的旅途 tàshàng le … de lǚtú ~의 여정에 오르다 | 宝藏 bǎozàng 명 보물창고 | 投海自杀 tóuhǎi zìshā 바다에 빠져 자살하다 | 骆驼 luòtuo 명 낙타 | 光芒 guāngmáng 명 광선, 빛 | 将…捧回家中 jiāng … pěnghuí jiā zhōng ~을 한 움큼 집어서 집으로 가져오다 | 呈现在眼前 chéngxiàn zài yǎnqián 눈 앞에 펼쳐져 있다

해석 아주 오래 전 인도에 부유한 농부가 있었다. 어느 날 낯선 노승이 그에게 알려주기를 "세상에는 다이아몬드라는 것이 있는데 엄지 만한 크기 한 조각을 가지면 부근의 모든 땅을 살 수 있고, 금광을 하나 가지고 있으면 국왕이 될 수 있습니다."라고 하면서 덧붙여 말했다. "흰 모래가 있는 하천을 따라가면 다이아몬드를 찾을 수 있습니다."
농부는 다이아몬드를 찾아 떠나기로 결심하고는, 가지고 있는 땅을 모두 팔아서 가족들을 떠나 다이아몬드를 찾는 여정길에 올랐다. 찾고 또 찾았지만, 여비는 다 써버리고 기력도 다한 채 보물은 발견하지 못했다. 실망한 농부는 절망에 휩싸여 바다에 빠져 자살했다.
이야기는 아직 끝나지 않았다. 하루는 농부의 땅을 산 남자가 낙타를 끌고 가다 뒤뜰의 작은 시냇물에 이르렀다. 시냇물의 흰 모래 속에서 끊임없이 반짝이는 빛이 그의 주의를 끌었다. 남자는 반짝이는 돌멩이를 캐서 집으로 들고 왔다. 며칠 후 그 노승이 다시 그 집에 찾아왔을 때, 반짝이는 물건을 보게 되었다. 그가 황급히 뒤뜰의 시냇가로 가보니, 아름다운 광택을 내뿜는 한 더미의 다이아몬드가 그의 눈 앞에 펼쳐져 있는 것을 보았다.

구성 一位农夫听和尚说有关钻石的事儿 → 他放弃一切去找钻石 → 农夫没有找到钻石自杀了 → 买了农夫田地的人在农夫家的后院发现了钻石

缩写

缩写요령

很久以前，印度有一位富裕的农夫。一天，一位**陌生**的老和尚告诉他："世界上有一种叫钻石的东西，如果有人拥有拇指大的一块，就可以买下附近的所有土地，如果拥有一座金矿，就有可能成为国王。"老和尚还说："在**流着白沙**的**河川**里可以找到钻石。"

노승이 말한 내용은 너무 길어 전부 기억할 수 없다. 다이아몬드를 가지면 땅과 권력을 가질 수 있고, 하천에서 다이아몬드를 찾을 수 있다는 요지를 파악하고 자신의 언어로 표현해야 한다.

▶ 在印度曾有一位富裕的农夫，他听一个和尚说，如果拥有了钻石就能拥有土地和无人能比的权利，并告诉他钻石要在河川里找。

农夫决定去寻找钻石，他卖掉了所有的田产，离开家人踏上了寻钻的旅途。	원문의 **踏上了寻钻的旅途**와 같은 표현은 쉽고 간단하게 **去找钻石**로 바꾸어 쓸 수 있다. ▶ 这个农夫听了和尚的话就卖掉了所有的田产，离开家去找钻石。
他找呀找，旅费用完了，力气用尽了，依然没有发现宝藏，失望的农夫最终绝望地投海自杀了。	▶ 可他用尽了所有的力气也没有发现宝藏，他很失望，最后自杀了。
故事并没有结束。	이야기의 반전을 이끄는 중요한 역할을 하므로 반드시 기억한다. ▶ 故事并没有结束。
一天，买了农夫田地的男子牵着骆驼来到后院的小河饮水，小河中的白沙中不断闪出的光芒引起了他的注意，男子将发光的石子掘起捧回家中。	▶ 一天，买了农夫田地的男子在后院的河里发现了发光的石子并把它捧回家。
几天后，那位老和尚再次到来，看到了发光的石子。他急忙来到后院的河边，发现一堆一堆散发着美丽光泽的钻石呈现在他眼前。	원문처럼 '…钻石呈现在他眼前'이라고 표현할 수도 있고, '他看到了…钻石' 혹은 '他发现了…钻石'라고 표현할 수도 있다. ▶ 几天后和尚来到他家，发现了那家后院河边有一堆堆的散发着美丽光泽的钻石。

모범답안

钻石就在自家后院

　　在印度曾有一位富裕的农夫，他听一个和尚说，如果拥有了钻石就能拥有土地和无人能比的权利，并告诉他钻石要在河川里找。这个农夫听了和尚的话就卖掉了所有的田产，离开家去找钻石。可他用尽了所有的力气也没有发现宝藏，他很失望，最后自杀了。

故事并没有结束。一天，买了农夫田地的男子在后院的河里发现了发光的石子并把它捧回家。几天后和尚来到他家，发现了那家后院河边有一堆堆的散发着美丽光泽的钻石。

day 2 _ week 4

문제 7

　　有一个女孩，厌倦了枯燥的家庭生活和父母的管制。她决定离开家远走高飞。经过多次挫折和打击，女孩日渐沉沦，终于只能走上街头，开始出卖肉体。许多年过去了，她的父亲死了，母亲也老了，可她仍过着这种醉生梦死的生活。

　　自从女孩离家出走后，母女从没有什么联系。当母亲听说女儿的下落后，不辞辛苦地找遍全城的每一个角落。她每到一个收容所，都哀求道："请让我把这幅画贴在这儿，好吗？"画上是一位面带微笑、满头白发的母亲，下面有一行字："我仍然爱着你，快回家吧！"

　　一天，女孩在一家收容所看到母亲的画，她挤出人群，上前观看。她不敢相信这是真的，站在画前泣不成声，她决定回家。当女孩赶到家时，已经是凌晨了。站在门口，她犹豫了一下，该不该进去？终于她敲响了门，奇怪！门自己开了，怎么没锁？她担心有贼闯了进去。记挂着母亲的安危，她三步并作两步冲进卧室，却发现母亲睡得正香。她把母亲摇醒，喊道："妈妈，是我，女儿回来了！"母女俩紧紧抱在一起。

　　女儿问："门怎么没锁？我还以为贼闯进来了呢。"母亲柔声地说："自打你离开家后，这扇门就再也没有上锁。"

단어　厌倦 yànjuàn 동 싫증나다 | 枯燥 kūzào 형 무미건조하다 | 管制 guǎnzhì 동 통제하다, 단속하다 | 远走高飞 yuǎnzǒu gāofēi 성어 멀리 가다 | 沉沦 chénlún 동 타락하다 | 醉生梦死 zuìshēng mèngsǐ 성어 술에 취한 듯, 잠을 자는 듯하며 흐리멍텅하게 아무 의미 없이 살다 | 离家出走 líjiā chūzǒu 집을 나가다 | 下落 xiàluò 동 떨어지다, 타락하다 | 不辞辛苦 bùcí xīnkǔ 성어 고생을 마다 않고, 고생을 무릎쓰고 | 收容所 shōuróngsuǒ 명 수용소 | 记挂 jìguà 동 걱정하다 | 贼 zéi 명 도둑 | 安危 ānwēi 명 안위, 안전 | 三步并作两步 sānbù bìngzuò liǎngbù 아주 빠르게 걷는 모습

해석　한 여자아이가 무미건조한 가정생활과 부모님의 통제에 싫증이 나서 집을 떠나 멀리 가기로 결정했다. 여러 번의 좌절과 충격을 겪으며 여자아이는 날이 갈수록 타락해갔고, 길거리를 배회하며 몸을 팔기 시작했다. 여러 해가 지나 그녀의 아버지는 돌아가시고 어머니 또한 연로해지셨다. 그러나 그녀는 여전히 아무 의미 없는 생활을 하고 있었다.

여자아이가 집을 나간 이후로 모녀 사이에 전혀 연락이 없었다. 어머니는 딸이 타락했다는 것을 듣고는 고생을 마다하지 않고 도시 구석구석을 찾아 다녔다. 어머니는 가는 수용소마다 "이 그림을 여기에 붙일 수 있게 해주세요, 네?"라고 말하며 애원했다. 그림에는 얼굴에 미소를 띤 백발의 어머니가 있었고 아래에 글이 한 줄 쓰여 있었다. "나는 여전히 너를 사랑한단다. 빨리 집으로 돌아오너라!"

어느 날 여자아이는 수용소에서 어머니의 그림을 보고 사람들 사이를 비집고 앞으로 나아가 바라보았다. 그녀는 이것이 진짜라는 게 믿겨지지 않았고, 그림 앞에 서서 소리 없이 울면서 집으로 돌아가기로 결정했다. 여자아이기 집에 도착했을 때는 이미 새벽이었다. 입구에 서서 그녀는 들어가야 할지 말아야 할지 주저했다. 결국 그녀가 문을 두드렸는데, 이상하게도 문이 저절로 열렸다! 어째서 문이 안 잠겨있지? 그녀는 도둑이 든 건 아닌지 걱정이 되었다. 어머니의 안전을 걱정하며 빠르게 침실로

향했는데, 어머니는 푹 주무시고 계셨다. 그는 어머니를 흔들어 깨우며 소리쳤다. "엄마, 저예요. 딸이 돌아왔어요!" 모녀는 꽉 부둥켜 안았다.

딸이 물었다. "왜 문을 안 잠그셨어요? 도둑이 든 줄 알았잖아요." 어머니는 부드러운 목소리로 말했다. "네가 집을 나간 이후로 그 문을 잠근 적이 없단다."

구성 女孩离家出走，开始沉沦 → 女孩的母亲到处寻找女儿 → 母亲在收容所的墙上挂上了自己的肖像画 → 女孩看到了母亲的画决定回家 → 家里的门没锁 → 母女相聚

缩写

缩写요령

有一个女孩，厌倦了枯燥的家庭生活和父母的管制。她决定离开家远走高飞。经过多次挫折和打击，女孩日渐沉沦，终于只能走上街头，开始出卖肉体。许多年过去了，她的父亲死了，母亲也老了，可她仍过着这种醉生梦死的生活。

她仍过着这种醉生梦死的生活에서 醉生梦死란 낯선 단어보다는, 그녀가 여전히 그러한 생활을 하고 있다는 것에 초점을 두어 她依然如旧라고 표현하는 것이 기억하기 편하다.

➡ 有一个女孩，厌倦了家庭生活和父母的管制离开了家。经历了很多的挫折后，她开始沉沦，出卖肉体。许多年过去了，她依然如旧。

自从女孩离家出走后，母女从没有什么联系。当母亲听说女儿的下落后，不辞辛苦地找遍全城的每一个角落。

이 문단은 어머니가 딸의 소식을 듣고 여기저기 찾아다니는 것이 중심 내용이다.

➡ 自从女孩离家出走后，母女就没有了联系。当母亲听说女儿的下落后，就开始到处找她。

她每到一个收容所，都哀求道："请让我把这幅画贴在这儿，好吗？"画上是一位面带微笑、满头白发的母亲，下面有一行字："我仍然爱着你，快回家吧！"

어머니가 수용소마다 자신의 얼굴이 그려진 그림을 붙였다는 내용은 '在每一个收容所墙上都贴上了…画' 혹은 把 자를 사용하여 '把…画贴在每一个收容所墙上'이라고 표현할 수 있다.

➡ 她在每个收容所的墙上都贴上了自己满头白发的画，下面写着："我仍然爱着你，快回家吧！"

Tip 어머니의 그림 아래에 쓰여진 글귀는 반드시 기억해야 한다. 다 기억하기 어렵다면 '快回家吧！' 이 말만이라도 기억한다.

一天，女孩在一家收容所看到母亲的画，她挤出人群，上前观看。她不敢相信这是真的，站在画前泣不成声，她决定回家。当女孩赶到家时，已经是凌晨了。

어느 날 딸이 어머니의 그림을 보고 집에 돌아갈 결심을 한다는 것이 요지이다.

➡ 一天，女孩看到母亲的画决定回家。

站在门口，她犹豫了一下，该不该进去？终于她敲响了门，奇怪！门自己开了，怎么没锁？她担心有贼闯了进去。记挂着母亲的安危，她三步并作两步冲进卧室，却发现母亲睡得正香。她把母亲摇醒，喊道："妈妈，是我，女儿回来了！"母女俩紧紧抱在一起。

她担心有贼闯了进去에서 贼나 闯了进去와 같은 표현은 기억하기 쉽지 않다. 그녀가 걱정한 것에 초점을 두어 她很担心이라고 간단히 표현할 수 있다.

➡ 她在凌晨赶到了家。她站在门口犹豫了一下，敲响了门。可门没有锁，她很担心，急忙冲进卧室，发现母亲睡得正香。她把妈妈摇醒，两个人拥抱在一起。

女儿问："门怎么没锁？我还以为贼闯进来了呢。"母亲柔声地说："自打你离开家后，这扇门就再也没有上锁。"

이 글의 마지막 문장은 꼭 기억한다. 대화문을 평서문으로 바꾸어 쓸 때, 객관적 시각으로 서술해야 하므로 你를 女儿로 바꾸어 쓴다. '自打…后'와 '自从…后'는 같은 뜻이므로 바꾸어 써도 무방하다.

➡ 女儿问母亲为什么门没锁，母亲回答说，自从女儿离开家后，这扇门就一直没锁。

门没锁

有一个女孩,厌倦了家庭生活和父母的管制离开了家。经历了很多的挫折后,她开始沉沦,出卖肉体。许多年过去了,她依然如旧。

自从女孩离家出走后,母女就没有了联系。当母亲听说女儿的下落后,就开始到处找她。她在每个收容所的墙上都贴上了自己满头白发的画,下面写着:"我仍然爱着你,快回家吧!"

一天,女孩看到母亲的画决定回家。她在凌晨赶到了家。她站在门口犹豫了一下,敲响了门。可门没有锁,她很担心,急忙冲进卧室,发现母亲睡得正香。她把妈妈摇醒,两个人拥抱在一起。女儿问母亲为什么门没锁,母亲回答说,自从女儿离开家后,这扇门就一直没锁。

문제 8

　　一个成功的商人烟抽得很凶，是个有名的大烟鬼。有一次，他开车去度假，开了几个小时后，天降大雨，他便在一个小城的旅馆过夜。

　　清晨两点钟，他醒过来了。他很想抽一根烟。伸手去抓放在桌上的烟盒，不料却是空的。他下了床，搜寻衣服口袋，又搜索行李，希望能发现他无意中留下的一包烟，却都是空空的。这时，超市、商店早关门了，他得到香烟的唯一办法是穿上衣服，到几条街外的火车站去买。

　　越是没烟抽，想抽的欲望就越大，他迅速穿好了出门的衣服，在伸手去拿雨衣的时候，他突然停住了。他问自己："我这是在干什么？"他，一个相当成功的商人，一个自以为有足够理智对别人下命令的人，竟要在三更半夜离开旅馆，冒着大雨走过几条街，仅仅是为了得到一支烟。这是一个什么样的习惯？这个习惯的力量有多么可怕？于是他把那个空烟盒揉成一团扔进了纸篓，换上睡衣回到了床上，带着一种解脱甚至是胜利的感觉，几分钟后就进入了梦乡。

　　从此以后，他再也没有拿过香烟，他的事业越做越大，后来他成为世界顶尖富豪之一。

단어

大烟鬼 dàyānguǐ 명 골초 | 搜寻衣服口袋 sōuxún yīfu kǒudai 옷 주머니를 뒤지다 | 搜索行李 sōusuǒ xíngli 짐을 뒤지다 | 无意中 wúyìzhōng 부 무의식중에 | 自以为 zì yǐwéi 스스로 ~하다고 생각하다 | 理智 lǐzhì 명 이성적이다 | 三更半夜 sāngēng bànyè 성어 한밤 중 | 揉 róu 동 구기다 | 纸篓 zhǐlǒu 명 휴지통 | 解脱 jiětuō 동 해탈하다 | 进入梦乡 jìnrù mèngxiāng 꿈나라로 들어가다, 잠이 들다 | 世界顶尖富豪 shìjiè dǐngjiān fùháo 세계 최고의 부자

해석

한 성공한 상인이 담배를 너무 많이 피워서 골초로 유명했다. 한 번은 그가 차를 몰고 휴가를 떠났는데, 몇 시간 가다 보니 큰 비가 내려 작은 마을의 여관에서 묵게 되었다.

새벽 두 시에 그는 잠에서 깼는데, 담배가 매우 피우고 싶었다. 손을 뻗어 탁자 위에 놓인 담뱃갑을 집었는데 뜻밖에도 비어 있었다. 그는 침대에서 내려와 옷 주머니를 뒤적여보고 또 짐 가방도 뒤져보았다. 그는 무의식 중에 남겨 놓은 담배 한 갑이 있길 바랐지만 모두 비어있었다. 이 시간에는 수퍼마켓이나 상점이 이미 문을 닫았기 때문에 그가 담배를 얻을 수 있는 유일한 방법은 옷을 입고 몇 블록 밖의 기차역으로 사러 가는 것뿐이었다.

담배가 없을수록 담배를 피우고 싶은 생각은 더욱 간절해졌고, 그는 서둘러 외투를 입고 손을 뻗어 우비를 집다가 갑자기 멈추고, 스스로에게 물었다. "너 대체 뭐 하는 거야?" 그는 아주 성공한 상인으로 다른 사람에게 명령을 내릴 수 있을 정도로 충분히 이지적이라고 스스로 생각했는데, 고작 담배 한 가치를 얻기 위해서 한밤 중에 여관을 나서서 비를 맞으며 몇 블록을 걸으려 했던 것이다. 이건 뭔 놈의 습관인가? 이 습관의 힘이 이리도 무서운 것인가? 그래서 그는 빈 담뱃갑을 구겨서 휴지통에 버리고, 잠옷으로 갈아 입은 후 침대에 다시 누웠다. 해방감과 심지어 승리한 기분까지 들면서 몇 분 후 바로 꿈속으로 빠져들었다.

그 이후로 그는 다시는 담배를 피우지 않았고, 사업은 더욱 더 번창하여 후에 세계 최고의 재벌 중 한 명이 되었다.

구성 一个成功的商人烟抽得很凶 → 去度假 → 半夜发现没有烟抽 → 决定去买烟 → 突然醒悟 → 放弃去买烟的想法 → 戒烟 → 成为顶尖富豪

缩写

缩写요령

一个成功的商人烟抽得很凶，是个有名的大烟鬼。	**烟抽得很凶**과 **大烟鬼**라는 표현에서 그가 골초라는 것을 알 수 있다. 둘 중 하나만 써도 그 의미가 전달될 수 있으므로 두 표현 중 하나는 생략해도 무방하다. ➡ 有一个成功的商人是个大烟鬼。
有一次，他开车去度假，开了几个小时后，天降大雨，他便在一个小城的旅馆过夜。清晨两点钟，他醒过来了。他很想抽一根烟。伸手去抓放在桌上的烟盒，不料却是空的。他下了床，搜寻衣服口袋，又搜索行李，希望能发现他无意中留下的一包烟，却都是空空的。	그가 휴가를 떠나 여관에서 하룻밤 묵게 되었는데, 새벽 두 시에 잠이 깨서 담배가 피우고 싶은데 남은 담배가 하나도 없었다는 것이 중심내용이다. ➡ 有一次去度假，雨夜他在一个旅馆过夜，清晨两点，他醒来很想抽支烟，却发现烟都抽光了。
这时，超市、商店早关门了，他得到香烟的唯一办法是穿上衣服，到几条街外的火车站去买。越是没烟抽，想抽的欲望就越大，他迅速穿好了出门的衣服，在伸手去拿雨衣的时候，他突然停住了。他问自己："我这是在干什么？"	위의 문단 중 他问自己："我这是在干什么？"란 문장은 **他觉得自己的行为不可思议**라고 표현할 수 있다. 우리말에서는 불가사의하다는 말을 평소에 잘 쓰지 않지만, 중국어에서는 이해할 수 없는 상황일 때 **不可思议**란 말을 자주 쓴다. ➡ 他想得到香烟的唯一方法是到几条街外的火车站去买。他迅速穿上衣服，伸手去拿雨衣的时候，他停住了。他觉得自己的行为不可思议。
他，一个相当成功的商人，一个自以为有足够理智对别人下命令的人，竟要在三更半夜离开旅馆，冒着大雨走过几条街，仅仅是为了得到一支烟。这是一个什么样的习惯？这个习惯的力量有多么可怕？	➡ 他想，他这样一个事业有成的人，为了一支烟深更半夜跑那么远的路，这是个多么可怕的习惯。
于是他把那个空烟盒揉成一团扔进了纸篓，换上睡衣回到了床上，带着一种解脱甚至是胜利的感觉，几分钟后就进入了梦乡。	➡ 于是他换上睡衣上床，几分钟后进入了梦乡。
从此以后，他再也没有拿过香烟，他的事业越做越大，后来他成为世界顶尖富豪之一。	他再也没有拿过香烟이란 말은 **戒烟**이란 단어로 간단히 표현할 수 있다. ➡ 从此，他戒掉了烟。后来他成为世界顶尖富豪之一。

모범답안

不要被习惯驱使

　　有一个成功的商人是个大烟鬼。有一次去度假，雨夜他在一个旅馆过夜，清晨两点，他醒来很想抽支烟，却发现烟都抽光了。他想得到香烟的唯一方法是到几条街外的火车站去买。他迅速穿上衣服，伸手去拿雨衣的时候，他停住了。他觉得自己的行为不可思议。

　　他想，他这样一个事业有成的人，为了一支烟深更半夜跑那么远的路，这是个多么可怕的习惯。于是他换上睡衣上床，几分钟后进入了梦乡。从此，他戒掉了烟。后来他成为世界顶尖富豪之一。

문제 9

　　从小失去父母、相依为命的两兄弟长大后做起了小买卖，当起了小商贩。一年夏天，弟弟对哥哥说："我们总在这个小地方卖东西也不是办法，我们应该到更远的地方去寻找市场。"哥哥对弟弟的想法表示赞同。于是两个人带着沉重的货物，辛辛苦苦爬上一座山头，准备到另一个村子做买卖。

　　那个夏天特别热，刚走了一段路，汗水就湿透了衣衫，热得受不了的哥哥擦着满身的汗对弟弟说："哎！太热了，以后再也不到这种地方做生意了。"弟弟笑着回答："哥，我的想法跟你不一样，我想这座山如果再高几倍，那该多好"。哥哥对此不以为然，抱怨说："我看你是爬山爬糊涂了，山当然要越低越好。"

　　弟弟说："如果山很高的话，许多商人就会知难而退，那么我们就可以多做一些生意，赚更多的钱。"哥哥听了以后频频点头，再也不抱怨了，两个人一鼓作气爬上山顶，到了另一个村子。几年后，挣了一大笔钱。

단어

相依为命 xiāngyīwéimìng [성어] 서로 의지하며 살아가다 | 小商贩 xiǎoshāngfàn [명] 소매상인, 행상꾼 | 不是办法 búshì bànfǎ 좋은 방법이 아니다 | 表示赞同 biǎoshì zàntóng 찬성(을 표시)하다 | 湿透 shītòu [동] 흠뻑 젖다, 적시다 | 不以为然 bù yǐwéi rán [성어] 그렇다고 생각하지 않다 | 抱怨 bàoyuàn [동] 원망하다 | 糊涂 hútu [동] 멍청하다/ 분명하지 않다/ 엉망이 되다 | 知难而退 zhīnán ér tuì [성어] 어려운 것을 알고 물러나다, 포기하다 | 频频 pínpín [부] 빈번히 | 一大笔钱 yí dà bǐ qián [명] 뭉칫돈

해석

어려서 부모님을 잃고 서로 의지하며 살아온 두 형제는 장성한 이후 행상을 하게 되어 소상인이 되었다. 어느 해 여름, 동생이 형에게 말했다. "우리가 계속 이 작은 곳에서 장사하는 건 좋은 방법이 아닌 거 같아. 우리 더 먼 곳으로 가서 시장을 찾아보자." 형이 동생의 생각에 찬성했다. 그래서 두 사람은 무거운 물건들을 가지고 힘들게 산 하나를 올라 다른 마을에 가서 장사할 준비를 하였다.

그 해 여름은 굉장히 무더워서 조금만 걸어도 땀이 셔츠를 흠뻑 적셨다. 더위를 참지 못한 형이 땀을 닦으며 동생에게 말했다. "아이고! 너무 덥다. 앞으로 다신 여기 와서 장사 안 할래." 동생이 웃으며 대답했다. "형, 내 생각은 좀 달라. 난 이 산이 몇 배 더 높았으면 좋겠는걸." 형은 그렇게 생각하지 않고 원망하며 말했다. "너 산에 오르면서 멍청해졌나 보네, 산은 당연히 낮을수록 좋지."

동생이 말했다. "만일 산이 높다면 많은 상인들이 어려운 걸 알고 중간에 그만 둘 거야. 그럼 우리가 더 많이 팔 수 있고, 더 많은 돈을 벌 수 있잖아." 형은 이 말을 들은 후 고개를 계속 끄덕이며 다시는 투정부리지 않았다. 두 사람은 단숨에 산꼭대기까지 올라가 다른 마을에 도착하였고, 몇 년 후 큰 돈을 벌게 되었다.

구성

兄弟俩决定到很远的地方寻找市场 → 兄弟俩爬山 → 哥哥抱怨，而弟弟的想法却不同 → 哥哥同意了弟弟的想法 → 两人到达目的地 → 挣了一笔大钱

缩写

缩写요령

从小失去父母、相依为命的两兄弟长大后做起了小买卖，当起了小商贩。	➡ 两个兄弟从小失去父母，长大后一起做起了小买卖。
一年夏天，弟弟对哥哥说："我们总在这个小地方卖东西也不是办法，我们应该到更远的地方去寻找市场。"哥哥对弟弟的想法表示赞同。	'~의 생각에 동의하다'라는 표현은 '对…的想法表示赞同'이나 '同意…的想法'로 표현할 수 있다. ➡ 一年夏天，弟弟对哥哥说他们应该去更远的地方寻找市场，哥哥同意了弟弟的想法。
于是两个人带着沉重的货物，辛辛苦苦爬上一座山头，准备到另一个村子做买卖。	'산 하나를 넘다'란 표현은 爬上一座山头라 할 수도 있고, 翻过一座山头라 할 수도 있다. ➡ 于是他们出发，准备翻过一个山头到另一个村子做买卖。
那个夏天特别热，刚走了一段路，汗水就湿透了衣衫，热得受不了的哥哥擦着满身的汗对弟弟说："哎！太热了，以后再也不到这种地方做生意了。"弟弟笑着回答："哥，我的想法跟你不一样，我想这座山如果再高几倍，那该多好。"	汗水就湿透了衣衫은 '땀에 옷이 흠뻑 젖었다'라는 뜻이므로, '온몸이 땀범벅이었다'라는 뜻으로 연결시켜 浑身是汗 혹은 出了一身汗으로 바꾸어 쓸 수도 있다. ➡ 那个夏天特别热，两个人走得全身是汗，哥哥对弟弟说以后再也不来这个地方做生意了，可弟弟的想法却不同，他说如果山再高点就好了。
哥哥对此不以为然，抱怨说："我看你是爬山爬糊涂了，山当然要越低越好。"	형이 하는 말은 不以为然 혹은 不理解로 포괄할 수 있다. ➡ 哥哥不理解。
弟弟说："如果山很高的话，许多商人就会知难而退，那么我们就可以多做一些生意，赚更多的钱。"	만약 산이 높다면 많은 사람들이 중간에 어려움을 알고 포기할 것이고 그러면 우리가 돈을 많이 벌 수 있을 것이라고 동생이 형을 설득하는 부분이다. ➡ 弟弟说如果山高的话，许多人就知难而退，那我们就能赚更多的钱。
哥哥听了以后频频点头，再也不抱怨了，两个人一鼓作气爬上山顶，到了另一个村子。几年后，挣了一大笔钱。	'돈을 많이 벌었다', '큰 돈을 벌었다'는 표현은 중국어로 挣了一大笔钱이라고 한다. ➡ 那天他们到达了那个村子。几年后他们挣了一大笔钱。

兄弟俩

两个兄弟从小失去父母,长大后一起做起了小买卖。一年夏天,弟弟对哥哥说他们应该去更远的地方寻找市场,哥哥同意了弟弟的想法。于是他们出发,准备翻过一个山头到另一个村子做买卖。那个夏天特别热,两个人走得全身是汗,哥哥对弟弟说以后再也不来这个地方做生意了,可弟弟的想法却不同,他说如果山再高点就好了。哥哥不理解。弟弟说如果山高的话,许多人就知难而退,那我们就能赚更多的钱。那天他们到达了那个村子。几年后他们挣了一大笔钱。

day **5** _ week 4

문제 10

　　我的朋友李先生是个非常粗心的人。他妻子总是抱怨他做事不仔细,他也觉得粗心确实给他带来不少麻烦,于是决心改掉这个毛病。可是,最近的一件事证明,他的努力完全没有效果。

　　上星期,办公室通知他去外地出差。星期五下午,一位同事给他送来了火车票。因为他正忙着写一封信,就说:"请把票放在桌子上吧。"那位同事知道他很粗心,提醒他说:"别忘了,是星期日六点三刻的火车。"他十分肯定地回答:"没问题,我记住了。"下班的时候,他把火车票放进了钱包,又对自己说了一遍:"记住,六点三刻。"

　　星期日上午,他起得很晚。吃过午饭,妻子对他说:"快准备行李吧,别耽误了火车。"可是他却说:"放心,早着呢,是六点三刻的。"然后,拿起一本小说看了起来。到了下午五点,李先生收拾行李,准备出发,但是,他却找不到火车票了。这时,李先生真着急了。他妻子说:"你怎么每次出差都不顺利!"李先生想了想,忽然眼睛一亮,"噢,我想起来了,是放在钱包里了。"他从钱包里拿出车票,对妻子说:"你看,没问题吧,我比以前仔细多了。"他妻子接过车票看了看,然后说:"我看,你还是好好在家休息吧。这车票是今天早上六点三刻的。"李先生瞪大眼睛,一句话也说不出来。

단어 粗心 cūxīn 형 부주의하다 | 做事不仔细 zuòshì bù zǐxì 일처리가 세심하지 못하다 | 正忙着… zhèng mángzhe… 때마침 ~하느라 바쁘다 | 提醒 tíxǐng 동 일깨우다, 깨우치다 | 耽误 dānwu 동 시간을 놓치다 | 收拾行李 shōushi xíngli 짐을 챙기다

해석 내 친구 이 씨는 매우 덜렁대는 사람이다. 그의 아내도 늘 그가 매사에 세심하지 못한 것이 불만이고, 그 역시 부주의한 것은 정말 일을 성가시게 한다고 생각해서, 그 버릇을 고치기로 결심했다. 그러나 최근의 한 사건이 그의 노력이 전혀 효과가 없었음을 증명했다.
지난 주, 그는 외지로 출장을 가라는 회사의 통보를 받았다. 금요일 오후 한 동료가 기차표를 가져다 주었는데, 그는 막 편지를 쓰느라 바빴던 참이라 "기차표는 책상 위에 놔두고 가."라고 말했다. 그 동료는 그가 덜렁대는 것을 알기 때문에 "잊지마, 일요일 6시 45분 차야."라고 상기시켜주었다. 그는 아주 확실하게 대답했다. "걱정 마, 다 기억해." 퇴근할 때, 그는 기차표를 지갑 속에 넣고 스스로 되뇌었다. "명심해, 6시 45분이야."
일요일 오전, 그는 늦게 일어나 점심밥을 먹었다. 아내는 그에게 "빨리 짐 싸요, 기차 시간 늦겠어요."라고 말했다. 그러나 그는 "염려 마. 6시 45분까지는 아직 멀었어."라고 말한 후 소설을 집어 읽기 시작했다. 오후 5시가 되어서야 이 씨는 짐을 챙기고 출발할 준비를 했다. 그러나 기차표를 찾을 수가 없었다. 그제서야 이 씨는 다급해졌다. 아내는 "당신은 어쩜 그렇게 매번 출장을 갈 때마다 일이 생겨요!"라고 말했다. 이 씨는 곰곰이 생각하다가 갑자기 눈빛이 번뜩였다. "아, 생각났어. 지갑 속에 넣었었지." 그는 지갑 속에서 기차표를 꺼내고 아내에게 말했다. "이것 봐, 걱정할 것 없다고 했지. 나 예전보다 많이 꼼꼼해졌어." 그의 아내는 기차표를 보더니 말했다. "내가 봤을 때, 당신은 이번에도 집에서 쉬어야 겠어요. 이 표는 오전 6시 45분 기차잖아

요." 이 씨는 놀라서 한 마디도 할 수 없었다.

구성 李先生是个粗心人 → 他要出差，有人给他送来火车票 → 星期日不紧不慢地准备行李 → 找不到火车票 → 在钱包里找到了票 → 妻子发现时间搞错了

缩写

Part 2

缩写요령

我的朋友李先生是个非常粗心的人。他妻子总是抱怨他做事不仔细,他也觉得粗心确实给他带来不少麻烦,于是决心改掉这个毛病。可是,最近的一件事证明,他的努力完全没有效果。	➡ 我的一个朋友李先生是个非常粗心的人。他决心改掉这个毛病,可并没有那么容易。 **Tip** 粗心은 '덜렁대고 부주의하다'는 뜻이므로, 원문의 非常粗心的人을 '덜렁이'란 뜻의 马大哈로 바꾸어 표현해도 된다.
上星期,办公室通知他去外地出差。星期五下午,一位同事给他送来了火车票。因为他正忙着写一封信,就说:"请把票放在桌子上吧。"那位同事知道他很粗心,提醒他说:"别忘了,是星期日六点三刻的火车。"他十分肯定地回答:"没问题,我记住了。"下班的时候,他把火车票放进了钱包,又对自己说了一遍:"记住,六点三刻。"	办公室通知他去外地出差 이 문장의 요지는 회사가 그에게 출장을 가라고 통지한 사실이 아니라, 그가 출장을 가야 한다는 사실이다. 그러므로 他要出差란 간단한 표현으로 바꾸어 기억한다. ➡ 上星期他要出差。星期五一位同事给他送来了火车票。那位同事知道他很粗心,提醒他票是星期日六点三刻的,他答应没问题。他还重复了一遍"六点三刻"。
星期日上午,他起得很晚。吃过午饭,妻子对他说:"快准备行李吧,别耽误了火车。"	妻子对他说:"快准备行李吧,别耽误了火车。" 이 대화문을 妻子催他快收拾行李와 같은 서술문으로 바꾸어주면 문장이 간단해진다. ➡ 星期日上午他起得很晚。妻子催他快收拾行李, **Tip** 단, 催 자를 쓸 때 비슷한 생김새의 推 자로 잘못 쓰지 않도록 조심한다.
可是他却说:"放心,早着呢,是六点三刻的。"然后,拿起一本小说看了起来。	'시간이 아직 멀었다'란 말은 时间还早着呢라고 표현한다. ➡ 可他说时间还早着呢,然后看起书来。
到了下午五点,李先生收拾行李,准备出发,但是,他却找不到火车票了。	➡ 下午五点,李先生收拾行李准备出发,可他却找不到火车票了。
这时,李先生真着急了。他妻子说:"你怎么每次出差都不顺利!"李先生想了想,忽然眼睛一亮,"噢,我想起来了,是放在钱包里了。"他从钱包里拿出车票,对妻子说:"你看,没问题吧,我比以前仔细多了。"	그가 표를 지갑에 넣어둔 것이 갑자기 생각나서 기차표를 꺼내 들며 아내에게 자신이 예전보다 꼼꼼해졌다고 말하는 것이 중심내용이다. ➡ 他突然想起是放在钱包里了,拿出票并对妻子说自己比以前仔细多了。
他妻子接过车票看了看,然后说:"我看,你还是好好在家休息吧。这车票是今	아내가 표를 보고 오전 6시 45분 기차라고 말하니 그는 한 마디도 대꾸할 수 없었다는 것이 중심내용이다. 一句话也说不出来란 표현은 无话

天早上六点三刻的。"李先生瞪大眼睛，一句话也说不出来。

可说로 간단하게 바꾸어 쓸 수 있다.
➡ 妻子接过票看了看说："你还是在家休息吧！这票是早上六点三刻的。"李先生无话可说。

모범답안

粗心的李先生

　　我的一个朋友李先生是个非常粗心的人。他决心改掉这个毛病，可并没有那么容易。
　　上星期他要出差，星期五一位同事给他送来了火车票。那位同事知道他很粗心，提醒他票是星期日六点三刻的，他答应没问题。他还重复了一遍"六点三刻"。
　　星期日上午他起得很晚。妻子催他快收拾行李，可他说时间还早着呢，然后看起书来。下午五点，李先生收拾行李准备出发，可他却找不到火车票了。他突然想起是放在钱包里了，拿出票并对妻子说自己比以前仔细多了。妻子接过票看了看说："你还是在家休息吧！这票是早上六点三刻的。"李先生无话可说。

문제 11

　　这世界有人瘦得发愁，也有人胖得发愁。女护士张潘被人喊成"张胖"，减肥成了她长期奋斗的目标。她练过健美操，但运动量和饭量成正比，使得她越吃越胖。她严禁肥肉、比萨入口，但她消化功能特别强，喝白开水也长肉。她到处寻求减肥方法，喝过减肥茶，试过针灸减肥，可这一切对她都不起作用。不久前她又满怀希望地参加了"气功减肥"的行列，可是张潘仅练了四天，夜间肚子就抽起筋来，抽得她连喊"哎哟"。于是她连忙加强营养，连从不沾嘴的排骨汤也吃起来了。所以她依然胖乎乎的，还是整天发愁，甚至担心由于自己太胖连男朋友都会离开她。

　　这一天她打电话约男朋友看电影，从电话中传来的是他同事的声音——"哦，你是张潘啊，小王今天休息，听说他和认识的女朋友逛公园去了……"张潘一听，差点瘫倒了。接下去，她一连好几天吃不下饭、睡不着觉，瘦下去好多好多。第六天，小王来到了张潘床前，送上一束玫瑰花，亲了亲她，悄悄告诉她："失恋减肥是减肥最佳的方法。"

단어

发愁 fāchóu 동 걱정하다, 근심하다 | 护士 hùshi 명 간호사 | 减肥 jiǎnféi 명 다이어트 | 健美操 jiànměicāo 명 에어로빅 | A和B成正比 A hé B chéng zhèngbǐ A와 B가 정비례하다 | 严禁 yánjìn 동 엄금하다 | 比萨 bǐsà 명 피자 | 针灸 zhēnjiǔ 명 침과 뜸 | 抽筋 chōujīn 동 근육에 경련이 일어나다 | 瘫倒 tāndǎo 다리에 힘이 풀려 쓰러지다 | 玫瑰花 méiguihuā 명 장미 | 最佳的方法 zuìjiā de fāngfǎ 가장 좋은 방법

해석

이 세상에는 말라서 고민하는 사람도 있고, 뚱뚱해서 고민하는 사람도 있다. 여 간호사 장판은 사람들에게 '뚱땡이 장'이라고 불려서, 다이어트는 오랜 기간 그녀가 분투하는 목표가 되었다. 그녀는 에어로빅을 해보았으나 운동량이 늘자 식사량도 함께 늘어 먹을수록 살이 더 쪘다. 기름진 고기와 피자도 절대 먹지 않으나 소화기능이 워낙 좋아 물만 먹어도 살이 쪘다. 그녀는 이런저런 다이어트 방법을 찾아 다이어트 차도 마셔 보고 한방 다이어트도 해보았으나 그녀에게는 아무 소용이 없었다. 얼마 후 그녀는 또 희망을 가득 안고 '기공 다이어트' 대열에 합류했는데, 단련 나흘만에 한밤 중 위경련이 일어나 연속하여 "아야" 소리를 연발했다. 그래서 영양을 보충하기 위해 입에 대지도 않던 갈비탕을 먹기 시작했다. 그녀는 여전히 뚱뚱해서 종일 고민하고, 심지어 자신이 너무 뚱뚱해서 남자친구가 떠나지 않을까 걱정했다.
어느 날 그녀가 남자친구와 영화 볼 약속을 잡으려고 전화를 했는데, 전화기 너머로 들리는 목소리는 그의 회사동료였다. "장팡이군요. 샤오왕은 오늘 쉬는 날이에요. 아는 여자랑 공원에 놀러 간다던데……" 장팡은 그 말을 들고서 다리에 힘이 풀렸다. 그녀는 계속해서 며칠 동안 밥도 넘어가지 않고 잠도 오지 않아서 많이 핼쑥해졌다. 엿새 째 되는 날, 샤오왕이 와서 그녀의 침대 머리 맡에 장미꽃 한 다발을 놓고는 그녀에게 입을 맞추었다. 그리고는 조용히 "실연 다이어트가 가장 좋은 다이어트 방법이야."라고 말했다.

구성

减肥是护士张潘的奋斗目标 → 她使用各种减肥方法都无效 → 她担心男朋友会甩掉她 → 给男朋友打电话后受到了打击 → 她吃不下去饭，变得越来越瘦 → 男朋友说明事实真相

缩写

缩写요령

这世界有人瘦得发愁，也有人胖得发愁。

发愁는 뒤에 목적어를 가질 수 없는 단어이므로 원문처럼 **瘦得发愁**, **胖得发愁**라고 쓰거나 **为瘦发愁**, **为胖发愁**의 형태로 써야 한다.
➡ 这世界上有人瘦得发愁，也有人胖得发愁。

女护士张潘被人喊成"张胖"，减肥成了她长期奋斗的目标。她练过健美操，但运

➡ 被人喊成"张胖"的张潘，她的奋斗目标就是减肥。她运动过，在饮食方面也控制自己，可毫无效果。

动量和饭量成正比，使得她越吃越胖。她严禁肥肉、比萨入口，但她消化功能特别强，喝白开水也长肉。	
她到处寻求减肥方法，喝过减肥茶，试过针灸减肥，可这一切对她都不起作用。不久前她又满怀希望地参加了"气功减肥"的行列，可是张潘仅练了四天，夜间肚子就抽起筋来，抽得她连喊"哎哟"。于是她连忙加强营养，连从不沾嘴的排骨汤也吃起来了。	이 문단에서는 주인공이 시도해보았던 다양한 다이어트 방법이 등장한다. 이런 경우 구체적인 다이어트 방법을 일일이 나열하지 말고, 포괄적으로 이야기하면 문장을 간단하게 만들 수 있다. ➡ 她到处寻求减肥方法，但都无济于事。她加入了"气功减肥"的行列，可最后还是以失败告终。 **Tip** 어떤 노력을 해도 '아무런 효과가 없다, 아무 소용이 없다'라는 말은 不起作用, 无济于事, 没有效果, 毫无效果 등 여러 가지 방법으로 표현이 가능하다.
所以她依然胖乎乎的，还是整天发愁，甚至担心由于自己太胖连男朋友都会离开她。	➡ 她依然胖乎乎的，还是整天发愁，甚至担心因为自己太胖连男朋友都会离开他。
这一天她打电话约男朋友看电影，从电话中传来的是他同事的声音——"哦，你是张潘啊，小王今天休息，听说他和认识的女朋友逛公园去了……"	'전화기 너머로 들려온 것은 그의 회사동료 목소리였다'는 것은 그의 회사동료가 전화를 받은 것이므로, 接电话的那位同事의 형태로 주어를 만든 후 그가 말한 내용을 이어서 설명하면 문장이 간단해진다. ➡ 这一天她打电话约男朋友看电影，可接电话的那位同事告诉她小王跟别的女孩逛公园去了。
张潘一听，差点瘫倒了。	张潘一听，差点瘫倒了에서 瘫倒란 표현은 기억하기도 쉽지 않고 쓰기도 쉽지 않다. 주인공이 그 이야기를 듣고 큰 충격을 받았다는 것이 요지이므로 受到很大的打击라고 표현할 수 있다. ➡ 她听后受到很大的打击。
接下去，她一连好几天吃不下饭、睡不着觉，瘦下去好多好多。	➡ 从此，她觉睡不好，饭吃不下，一下子瘦下去很多。
第六天，小王来到了张潘床前，送上一束玫瑰花，亲了亲她，悄悄告诉她："失恋减肥是减肥最佳的方法。"	남자친구가 그녀에게 말한 마지막 문장은 이야기의 반전이자 결말이므로 꼭 기억한다. 이 문장은 失恋减肥 혹은 最佳的减肥方法와 같은 제목으로 사용할 수도 있다. ➡ 过了几天她的男朋友来看她，并告诉她："失恋减肥是减肥的最佳方法"。

失恋减肥

　　这世界上有人瘦得发愁,也有人胖得发愁。被人喊成"张胖"的张潘,她的奋斗目标就是减肥。她运动过,在饮食方面也控制自己,可毫无效果。

　　她到处寻求减肥方法,但都无济于事。她加入了"气功减肥"的行列,可最后还是以失败告终。她依然胖乎乎的,还是整天发愁,甚至担心因为自己太胖连男朋友都会离开他。

　　这一天她打电话约男朋友看电影,可接电话的那位同事告诉她小王跟别的女孩逛公园去了,她听后受到很大的打击。从此,她觉睡不好,饭吃不下,一下子瘦下去很多。过了几天她的男朋友来看她,并告诉她:"失恋减肥是减肥的最佳方法。"

문제 12

　　男孩和女孩是一对男女朋友，男孩很花心，但女孩对男孩很专情。女孩很爱雨天，也喜欢淋雨。每当女孩跑出伞外淋雨时，男孩往往也想陪着她一起淋雨，但都被女孩给阻止了。男孩总问："为什么不让我陪你一起淋雨呢？"女孩总回答说："因为我怕你会生病！"男孩也会反问她："那你为什么要去淋雨呢？"但女孩总是笑而不答。最后往往是男孩拗不过女孩而答应了她的要求，因为男孩只要看到女孩开心就很快乐，但幸福的时光总是不会长久的。

　　男孩喜欢上了另一个女孩，喜欢的程度更胜于她。有一天男孩和女孩吃饭的时候，他提出了分手，而女孩也默默地接受了。因为她知道男孩像风，而风是不会为了任何人而停留的。

　　那天晚上，是男孩最后一次送女孩回家。在女孩家楼下，男孩亲了女孩最后一次。男孩说："真抱歉，辜负了你！但是陪你在一起淋雨是我最快乐的时光！"女孩听完抽泣了起来，男孩抱着她。许久以后，男孩跟女孩说："有一个问题我想问你已经很久了，为什么每一次你在淋雨时都不让我陪呢？" 许久之后，女孩缓缓地说："因为我不想让你发现……我在哭泣！"那一天晚上，又下起了雨……

단어

花心 huāxīn 명/동 바람기 / 바람기가 있다 | 专情 zhuānqíng 형 오로지 한 사람만 사랑하다 | 淋雨 línyǔ 동 비에 젖다 | 阻止 zǔzhǐ 막다, 말리다 | 笑而不答 xiào'ér búdá 웃으며 대답하지 않다 | 拗不过 niùbuguò 의견을 꺾을 수 없다 | 答应要求 dāying yāoqiú 요구에 응하다 | 胜于 shèngyú ~보다 낫다, ~를 능가하다 | 停留 tíngliú 동 머물다 | 辜负 gūfù 동 저버리다, 배신하다 | 抽泣 chōuqì 동 흐느끼다 | 哭泣 kūqì 동 흐느끼다, 훌쩍이다

해석

남자와 여자는 연인 사이로 남자는 바람둥이이지만, 여자는 남자에게 일편단심이었다. 여자는 비 오는 날을 좋아하고, 비 맞는 것도 좋아했다. 여자가 우산에서 뛰쳐나가 비를 맞을 때마다, 남자는 그녀와 함께 비를 맞아주고 싶었지만 여자는 그러지 말라고 했다. 남자는 늘 "왜 내가 너랑 함께 비 맞는 걸 말리는 거야?"라고 물으면, 여자는 늘 "네가 병이 날까 봐!"라고 대답했다. 남자가 "그럼 넌 왜 비를 맞는 거야?"라고 반문해보지만, 여자는 늘 웃으면 대답하지 않았다. 남자는 여자가 기뻐 즐거워하는 것을 보는 것만으로도 기뻤으므로, 결국 그녀의 뜻을 꺾지 못하고 그녀가 뜻대로 하게 놔두었다. 그러나 행복한 순간은 늘 길게 가질 않았다.

남자는 다른 여자를 사랑하게 되었고, 사랑의 정도가 여자보다 깊었다. 어느 날 남자와 여자가 밥을 먹을 때, 남자가 헤어지자고 했고 여자는 묵묵히 받아들였다. 그녀는 남자가 바람과 같아 어떤 사람을 위해서도 머무를 수 없다는 걸 알았기 때문이었다. 그날 밤 남자가 마지막으로 그녀를 집까지 바래다주며 말했다. 여자의 집 아래층에서 남자는 여자에게 마지막 키스를 하면서 말했다. "정말 미안해, 너를 버려서! 그래도 너랑 함께 비를 맞던 순간이 제일 행복했어!" 여자가 울음을 터트리자 남자가 여자를 안아주었다. 한참 후, 남자가 여자에게 말했다. "예전부터 꼭 물어보고 싶은 게 있었는데, 왜 매번 네가 비를 맞을 때마다 내가 함께 하지 못하게 한 거야?" 한참 후 여자는 천천히 이야기했다. "왜냐하면 너에게 들키고 싶지 않았기 때문이야. ……내가 울고 있는 걸." 그날 밤 또 비가 내렸다…….

구성 有一对恋人 → 女的很喜欢淋雨，可不让男朋友一起淋 → 男孩子不理解 → 男孩子有了新欢 → 男孩子提出分手，女孩子同意了 → 男孩子送她回家 → 男孩子知道了女孩子不让他淋雨的原因

缩写

缩写요령

男孩和女孩是一对男女朋友，男孩很花心，但女孩对男孩很专情。	男孩和女孩是一对男女朋友는 有一对恋人 혹은 有一对情侣로 바꾸어 표현할 수 있다. 남자를 묘사하는 花心이란 단어와 여자를 묘사하는 专情이란 단어를 반드시 기억한다. ➡ 有一对恋人，男孩很花心，而女孩对男孩很专情。
女孩很爱雨天，也喜欢淋雨。每当女孩跑出伞外淋雨时，男孩往往也想陪着她一起淋雨，但都被女孩给阻止了。男孩总问："为什么不让我陪你一起淋雨呢？"女孩总回答说："因为我怕你会生病！"男孩也会反问她："那你为什么要去淋雨呢？"但女孩总是笑而不答。最后往往是男孩拗不过女孩而答应了她的要求，	여자친구는 비 맞는 것을 좋아하지만 남자친구가 같이 비를 맞아주려 하면 말렸는데, 왜냐고 물으면 남자친구가 병이 날까 봐 라고 대답했다는 내용이 중심내용이다. ➡ 女孩很喜欢淋雨，可她总是阻止男孩一起淋雨。当男朋友问她为什么时，她说是怕他生病。
因为男孩只要看到女孩开心就很快乐，但幸福的时光总是不会长久的。	幸福的时光总是不会长久的는 好景不长이라는 간단한 표현으로 바꾸어 쓸 수 있다. ➡ 女孩看上去很开心，可好景不长，
男孩喜欢上了另一个女孩，喜欢的程度更胜于她。	남자에게 다른 여자가 생겼다는 내용이 들어가면 된다. ➡ 男孩有了新欢。
有一天男孩和女孩吃饭的时候，他提出了分手，而女孩也默默地接受了。因为她知道男孩像风，而风是不会为了任何人而停留的。	➡ 有一天男孩和女孩吃饭时，他提出了分手，女孩默默地接受了。
那天晚上，是男孩最后一次送女孩回家。在女孩家楼下，男孩亲了女孩最后一次。男孩说："真抱歉，辜负了你！但是陪你在一起淋雨是我最快乐的时光！"女孩听完抽泣了起来，男孩抱着她。	남자가 여자에게 사과한 말을 구구절절 기억할 필요는 없다. 남자가 여자에게 사과를 했고 여자는 울기 시작했다는 내용이 들어가면 된다. ➡ 那天晚上是男孩最后一次送女孩回家。男孩向女孩表示抱歉，女孩哭了。
许久以后，男孩跟女孩说："有一个问题我想问你已经很久了，为什么每一次你在淋雨时都不让我陪呢？"许久之后，女孩缓缓地说："因为我不想让你发现……我在哭泣！"那一天晚上，又下起了雨……	남자가 여자에게 그동안 왜 자신이 함께 비 맞는 것을 말렸냐고 묻자, 여자가 자신이 우는 걸 들키기 싫어서라고 말한 것이 중심내용이다. ➡ 男孩问女孩一个一直以来想问的问题，为什么女孩淋雨时总是不让他陪着。女孩回答说，她不愿意让男孩子发现自己在哭泣。那天晚上，又下起了雨。

雨中的哭泣

有一对恋人,男孩很花心,而女孩对男孩很专情。女孩很喜欢淋雨,可她总是阻止男孩一起淋雨。当男朋友问她为什么时,她说是怕他生病。女孩看上去很开心,可好景不长,男孩有了新欢。有一天男孩和女孩吃饭时,他提出了分手,女孩默默地接受了。那天晚上是男孩最后一次送女孩回家。男孩向女孩表示抱歉,女孩哭了。男孩问女孩一个一直以来想问的问题,为什么女孩淋雨时总是不让他陪着,女孩回答说,她不愿意让男孩子发现自己在哭泣。那天晚上,又下起了雨。

문제 13

　　一个叫比尔的科学家一贯非常准时。在他看来，不准时就是一种难以容忍的罪恶。有一次，他与一个请求他帮忙的青年约好，某天早晨的10点钟在自己的办公室里见那位青年，然后，陪那位青年去见火车站站长，应聘铁路上的一个职位。到了这一天，那个青年比约定时间迟了20分钟。所以，当那位青年到他的办公室时，比尔已经离开办公室，开会去了。

　　过了几天，那个青年再去求见比尔。比尔问他那天为什么失约，"比尔先生，那天我是10点20分来的！"那个青年支吾着说："迟到一二十分钟，应该没有太大关系吧？"

　　比尔先生很严肃地对他说："谁说没有关系？你要知道，能否准时赴约是一件极其要紧的事情。就这件事来说，你因不准时而失掉了拥有你所向往的那个职位的机会，因为就在那一天，铁路部门已接洽了另一个人。而且我还要告诉你，你没有权力看轻我的20分钟时间，没有理由以为我白等你20分钟是不要紧的。老实告诉你，在那20分钟的时间中，我必须赴另外两个重要的约会，我也不能让别人白等。"

단어 准时 zhǔnshí 휑 시간을 준수하다 | 难以容忍 nányǐ róngrěn 용납할 수 없다 | 罪恶 zuì'è 명 죄악 | 请求…帮忙 qǐngqiú … bāngmáng ~에게 도움을 청하다 | 应聘 yìngpìn 동 지원하다 | 失约 shīyuē 동 약속을 어기다 | 支吾 zhīwú 동 얼버무리다, 발뺌하다 | 要紧 yàojǐn 휑 중요하다 | 严肃 yánsù 휑 근엄하다 | 接洽 jiēqià 동 교섭하다, 상담하다 | 白等 báiděng 헛되이 기다리다

해석 빌이라는 과학자는 늘 시간을 준수하였는데, 그는 시간을 지키지 않는 것은 용서할 수 없는 죄악이라고 생각하였다. 한 번은 그에게 도움을 청한 청년과 약속하기를, 어느 날 아침 열 시에 자신의 사무실에서 만난 후 함께 기차역 역장님을 찾아가 철도역의 일자리를 알아봐주기로 했다. 이날 그 청년은 약속했던 시간보다 20분이나 늦어서, 사무실에 도착했을 때 빌은 이미 사무실을 떠나 회의를 하러 가고 없었.

며칠이 지나고 그 청년은 다시 빌을 찾아왔고, 빌은 그날 왜 약속을 어겼냐고 물었다. "빌 선생님, 그날 저는 10시 20분에 왔습니다!"라고 대답하고는 "일이십 분 밖에 안 늦었는데 별 영향은 없겠죠?"라고 하며 얼버무리며 넘어가려 했다.

빌은 엄숙한 표정으로 그에게 말했다. "영향이 없다고 누가 그러나? 약속시간에 맞춰 가는 것은 아주 중요한 일이란 걸 분명히 알아두게. 이번 일에 대해 이야기하자면, 자네가 약속시간을 지키지 않았기 때문에 자네를 포함한 모두가 선망하는 그 일자리를 얻을 기회를 잃어버렸네. 그날 철도부는 다른 사람을 뽑았기 때문이지. 그리고 내가 자네에게 알려줄 것은 자네에게는 내 20분을 가볍게 여길 권리가 없고, 내가 자네를 20분 동안 괜히 기다리는 것이 별일 아니라고 여길 이유도 없다는 것이네. 솔직히 말해, 그 20분이라는 시간 안에 나는 다른 중요한 회의 두 개에 참석해야만 했네. 다른 사람을 괜히 기다리게 할 순 없으니까."

구성 比尔是个非常遵守时间的人 → 他与一个青年约好见面 → 那个青年迟到了，没见到比尔 → 青年又求见比尔 → 年轻人的时间观念 → 比尔的忠告

缩写

缩写요령

一个叫比尔的科学家一贯非常准时。在他看来，不准时就是一种难以容忍的罪恶。	▶ 在比尔看来，不准时就是一种犯罪。
有一次，他与一个请求他帮忙的青年约好，某天早晨的10点钟在自己的办公室里见那位青年，然后，陪那位青年去见火车站站长，应聘铁路上的一个职位。	이 부분에서는 취업문제로 빌에게 도움을 청한 한 청년과 일자리를 찾으러 함께 가기로 약속한 것이 주요 내용이다. 함께 누구를 찾아가려 했고 어떤 일자리였는지는 구체적으로 언급할 필요가 없다. ▶ 有一次他与一个有求于他的青年约好早上10点钟在自己的办公室见面，然后去见一个人，帮青年应聘一个职位。
到了这一天，那个青年比约定时间迟了20分钟。所以，当那位青年到他的办公室时，比尔已经离开办公室，开会去了。	그 청년이 약속시간보다 20분이나 늦어서 빌과 만나지 못했다는 내용이 들어가면 된다. ▶ 可那个青年比约定时间晚了20分钟，所以没见到比尔。
过了几天，那个青年再去求见比尔。比尔问他那天为什么失约，"比尔先生，那天我是在10点20分来的！"那个青年支吾着说："迟到一二十分钟，应该没有太大关系吧？"	"迟到一二十分钟，应该没有太大关系吧？"이 말에서 알 수 있듯이, 청년은 10~20분 늦는 것을 대수롭지 않게 여겼으므로 他觉得这没什么大不了的라고 쓸 수 있다. ▶ 那个青年再求见比尔，当比尔问到他为什么失约时，青年回答说他只是晚了20分钟，并且觉得这没什么大不了的。
比尔先生很严肃地对他说："谁说没有关系？你要知道，能否准时赴约是一件极其要紧的事情。就这件事来说，你因不准时而失掉了拥有你所向往的那个职位的机会，因为就在那一天，铁路部门已接洽了另一个人。	빌이 '시간을 지키는 것은 매우 중요한 일인데, 이번 일은 청년이 시간을 지키지 않아서 취업할 기회를 놓친 것'이라고 이야기하는 것이 중심 내용이다. 拥有那个职位的机会나 就业的机会로 간단히 표현할 수 있다. ▶ 比尔很严肃地说，准时赴约是非常要紧的事，这次年轻人就是因为没有守约而失掉了就业的机会，
而且我还要告诉你，你没有权力看轻我的20分钟时间，没有理由以为我白等你20分钟是不要紧的。老实告诉你，在那20分钟的时间中，我必须赴另外两个重要的约会，我也不能让别人白等。"	▶ 并说年轻人没有权力看轻自己的20分钟，因为在20分钟内他还有其他的约会，他不想让别人白等。

准时赴约

在比尔看来,不准时就是一种犯罪。有一次他与一个有求于他的青年约好早上10点钟在自己的办公室见面,然后去见一个人,帮青年应聘一个职位。可那个青年比约定时间晚了20分钟,所以没见到比尔。那个青年再次求见比尔,当比尔问到他为什么失约时,青年回答说他只是晚了20分钟,并且觉得这没什么大不了的。比尔很严肃地说,准时赴约是非常要紧的事,这次年轻人就是因为没有守约而失掉了就业的机会,并说年轻人没有权力看轻自己的20分钟,因为在20分钟内他还有其他的约会,他不想让别人白等。

day 4 _ week 5

문제 14

　　乔治在一个小理发店里为人擦鞋，他常听到一些黑人朋友理发时无意中说的话："我真希望我的头发能变直。"理发师未曾留意的话，乔治记在了心里。每逢再有来擦鞋的客人，他总不忘问一句："你是做什么的？"

　　终于有一天，乔治在问到一位来擦鞋的男士时，那位男士回答说他是一位化学家。"化学家是做什么的？"乔治又问。"调配一些东西。"化学家只好这么通俗地解释。"那你觉得你可以调配一种东西让我的头发变直吗？"那位化学家说："也许可以试试。"

　　过了一段时间，化学家再来擦鞋时，带了一小瓶制剂，抹上后，乔治的头发真的变直了。

　　乔治便与这位化学家联手，将这种产品瓶装后卖给他的一些朋友和一些理发店，并将其命名为"华发"，意即如中国人的直发。后来又成立了一个专售"华发"剂的公司，彻底告别了擦鞋匠的生活。

단어 擦鞋 cā xié 구두를 닦다 | 未曾 wèicéng 📘 한 번도 ~하지 않았다 | 留意 liúyì 📘 주의를 기울이다 | 记在心里 jì zài xīnli 마음 속에 기억하다, 새기다 | 调配 tiáopèi 📘 고루 섞다, 배합하다 | 液体 yètǐ 📘 액체 | 制剂 zhìjì 📘 제재, 효소 | 与…联手 yǔ … liánshǒu ~와 손을 잡다, 제휴하다 | 将A命名为B jiāng A mìngmíng wéi B A를 B로 이름 짓다 | 即如 jírú 즉 ~와 같다

해석 치아오즈는 작은 이발소에서 사람들의 구두를 닦는 일을 하면서, 늘 흑인친구들이 머리카락을 깎을 때 "나도 머리카락이 직모라면 좋겠어"라며 무의식 중에 하는 말을 듣게 되었다. 이발사는 이 말을 귀담아 들은 적이 없지만, 치아오즈는 그 말을 기억하고 있었다. 구두를 닦으러 오는 새로운 손님을 만날 때마다 그는 늘 "무슨 일 하세요?"라고 물었다.

어느 날 치아오즈가 구두를 닦으러 온 한 남자 손님에게 물었을 때, 그 남자는 자신이 화학자라고 대답했다. "화학자는 무엇을 하는데요?" 치아오즈가 다시 물었다. "성분들을 섞지요." 화학자는 이런 뻔한 대답밖에 할 수가 없었다. "그럼 어떤 성분들을 섞으면 제 머리도 곧게 펼 수 있을까요?" 화학자는 말했다. "해볼 순 있겠죠."

얼마 후 화학자가 다시 구두를 닦으러 왔을 때 작은 병의 액체 약품을 가져왔는데, 머리에 바르니 치아오즈의 머리가 정말 곧게 펴졌다.

치아오즈는 그 화학자와 손을 잡고 이 상품을 병에 담아 그의 몇몇 친구들과 몇몇 이발소에 팔았고, 그 약품은 '화파'라고 이름을 붙였는데 그 의미는 바로 중국인의 직모라는 뜻이다. 그는 이후에 '화파'를 전문적으로 판매하는 회사를 하나 차렸고, 구두 닦이 생활에서 완전히 벗어났다.

구성 乔治常听到黑人朋友说希望自己的头发变直 → 他很注意顾客是干什么的 → 一位化学家来擦鞋 → 乔治请求化学家调配一种能使头发变直的制剂 → 化学家带来了制剂 → 乔治与科学家联手建立了卖"华发"剂的公司

缩写

缩写要领

乔治在一个小理发店里为人擦鞋，他常听到一些黑人朋友理发时无意中说的话："我真希望我的头发能变直。"理发师未曾留意的话，乔治记在了心里。

치아오즈는 이발소에서 구두를 닦는데, 흑인친구들이 머리카락이 직모였으면 좋겠다고 하는 말을 기억했다는 내용이 중심내용이다.
➡ 乔治在理发店里给人擦鞋时，常听一些黑人朋友说真希望自己的头发能变直。他把这话记在了心里。

每逢再有来擦鞋的客人，他总不忘问一句："你是做什么的？"

➡ 从此，他总是打听来擦鞋的客人是做什么的。

终于有一天，乔治在问到一位来擦鞋的男士时，那位男士回答说他是一位化学家。"化学家是做什么的？"乔治又问。"调配一些东西。"化学家只好这么通俗地解释。"那你觉得你可以调配一种东西让我的头发变直吗？"那位化学家说："也许可以试试。"	乔治在问到一位来擦鞋的男士时，那位男士回答说他是一位化学家。 이 문장을 他问到了一位化学家로 바꾸어주면 문장이 간결해진다. ➡ 终于有一天，他问到了一位化学家，乔治问他能不能调配一种能让他的头发变直的东西，化学家说可以试试。
过了一段时间，化学家再来擦鞋时，带了一小瓶制剂，抹上后，乔治的头发真的变直了。	➡ 过了一段时间，化学家给他带来一小瓶制剂，他抹上后，头发真的变直了。
乔治便与这位化学家联手，将这种产品瓶装后卖给他的一些朋友和一些理发店，并将其命名为"华发"，意即如中国人的直发。	'将A命名为B'에서 将은 把 자와 같다. 把자문에서 동사 뒤에 기타성분이 존재하지 않으면 틀린 문장이 된다는 것을 기억하고 把자문이 있는 경우에는 덩어리로 외워두는 것이 좋다. ➡ 之后，乔治把这个制剂起名为"华发"，
后来又成立了一个专售"华发"剂的公司，彻底告别了擦鞋匠的生活。	'회사를 세우다'라는 말은 成立公司 혹은 开公司라고 표현할 수 있다. ➡ 他与这位化学家一起开了一个专门卖"华发"剂的公司，彻底告别了擦鞋匠的生活。

모범답안

人生的转机

　　乔治在理发店里给人擦鞋时，常听一些黑人朋友说真希望自己的头发能变直。他把这话记在了心里。从此，他总是打听来擦鞋的客人是做什么的。终于有一天，他问到了一位化学家，乔治问他能不能调配一种能让他的头发变直的东西，化学家说可以试试。过了一段时间，化学家给他带来一小瓶制剂，他抹上后，头发真的变直了。之后，乔治把这个制剂起名为"华发"，他与这位化学家一起开了一个专门卖"华发"剂的公司，彻底告别了擦鞋匠的生活。

문제 15

　　一天，孩子放学后，在客厅里玩篮球，打落了书架上一个古董花瓶。孩子慌忙把碎片用胶水黏起来，胆战心惊地放回原位。当天晚上，母亲发现花瓶有些"变化"。孩子灵机一动，说是有只野猫从窗外跳进来，碰倒了花瓶。

　　睡觉前，母亲从抽屉里拿出一个盒子，把其中一块巧克力递给孩子："这块巧克力奖给你，因为你运用神奇的想象力，杜撰出一只会开窗户的猫。以后，你一定可以写出精彩的侦探小说。"接着，她又在孩子手里放了一块巧克力，"这块巧克力奖给你，因为你有杰出的修复能力，裂缝黏合得几乎完美无缺。"母亲又拿出第三块巧克力说："最后一块巧克力，代表我对你深深的歉意。作为母亲，我不应该把花瓶放在容易摔落的地方。希望你没有被砸到或者被吓到。"

　　"妈妈，我……"孩子那颗忐忑的心早已飞到了九霄云外，只是笨拙地吐出了几个单字。以后，孩子再也没有说过一次谎，这三块巧克力既告诫了孩子做人要诚实，又保护了孩子的自尊心。

단어 篮球 lánqiú 명 농구, 농구공 | 古董花瓶 gǔdǒng huāpíng 명 골동품 꽃병 | 慌忙 huāngmáng 형 허둥지둥하다 | 黏 nián 형 끈적하다, 차지다 | 胶水 jiāoshuǐ 명 풀 | 胆战心惊 dǎnzhàn xīnjīng 성어 매우 두려워하다 | 灵机一动 língjī yídòng 기지를 발휘하다 | 杜撰 dùzhuàn 동 꾸며내다 | 侦探小说 zhēntàn xiǎoshuō 명 탐정소설 | 裂缝 lièfèng 명 갈라진 틈, 균열 | 黏合 niánhé 동 붙이다 | 完美无缺 wánměi wúquē 완전무결하다 | 歉意 qiànyì 명 사죄·후회의 뜻 | 摔落 shuāiluò 동 (굴러) 떨어지다 | 砸 zá 동 (무거운 물건이 물체 위에) 떨어지다 | 忐忑 tǎntè 형 마음이 불안하다 | 九霄云外 jiǔxiāo yúnwài 성어 아득한 하늘 저쪽 | 笨拙 bènzhuō 형 어리석다, 둔하다

해석 어느 날, 아이가 학교를 마친 후 거실에서 농구를 하다가 책꽂이 위의 골동품 화병을 떨어뜨렸다. 아이는 당황하여 급하게 깨진 조각들을 풀로 붙이고 벌벌 떨며 제자리에 갖다 놓았다. 그날 밤, 엄마는 꽃병에 작은 '변화'가 생긴 것을 발견했다. 아이는 기지를 발휘하여 도둑고양이가 창 밖에서 뛰어들어와 꽃병을 깨뜨렸다고 말했다.

잠자기 전, 엄마는 서랍 속에서 상자 하나를 꺼내어 그 속에 있던 초콜릿 한 조각을 아이에게 건넸다. "이 초콜릿은 너에게 상으로 주는 거야. 네가 신기한 상상력을 발휘해서 창문을 열 줄 아는 고양이를 지어냈으니까. 앞으로 넌 훌륭한 탐정소설을 써낼 수 있을 거야." 이어서 엄마는 또 아이의 손에 초콜릿 하나를 올려놓았다. "이 초콜릿도 너에게 상으로 주는 거야. 너는 뛰어난 복원능력으로 깨진 것을 완벽하게 붙여 놓았잖니." 엄마는 세 번째 초콜릿을 꺼내며 말했다. "마지막 초콜릿은 너에 대한 내 깊은 사과의 뜻이야. 엄마로서 꽃병을 그렇게 떨어뜨리기 쉬운 곳에 놔두면 안 되는 건데. 네가 다치거나 놀라지 않았기를 바라."

"엄마, 난 ……" 아이의 불안하던 마음은 이미 깨끗이 사라졌고, 멍청하게 몇 단어만 입으로 내뱉었을 뿐이었다. 그 후 아이는 다시는 거짓말을 하지 않았다. 그 초콜릿 세 조각은 아이에게 사람은 진실되어야 한다는 것을 가르쳤을 뿐 아니라 아이의 자존심도 지켜주었다.

구성 孩子打破了家里的一个花瓶，跟妈妈撒了谎 → 妈妈奖励孩子一块巧克力，称赞他的想象力 → 给孩子第二块巧克力，称赞他黏合裂缝的杰出能力 → 给孩子第三块巧克力，表示歉意 → 孩子知道了妈妈的用意，再也不撒谎了

缩写

缩写요령

一天，孩子放学后，在客厅里玩篮球，打落了书架上一个古董花瓶。孩子慌忙把碎片用胶水黏起来，胆战心惊地放回原位。	黏 nián은 粘 zhān과 같은 뜻으로 쓰였으므로 필획이 좀 더 간단한 粘로 바꾸어 쓸 수 있다. ▶ 一天，孩子在客厅里玩篮球时，打落了一个古董花瓶。孩子慌忙把碎片用胶水粘好放回原处。
当天晚上，母亲发现花瓶有些"变化"。孩子灵机一动，说是有只野猫从窗外跳进来，碰倒了花瓶。	아이가 한 말의 요지는 도둑고양이가 그렇게 만들었다는 것이므로, 비교적 구체적으로 묘사한 원문의 문장을 孩子说是猫的所为라고 줄여 쓸 수 있다. ▶ 晚上被母亲发现时，孩子说是猫打碎的。
睡觉前，母亲从抽屉里拿出一个盒子，把其中一块巧克力递给孩子："这块巧克力奖给你，因为你运用神奇的想象力，杜撰出一只会开窗户的猫。以后，你一定可以写出精彩的侦探小说。"	어머니가 아들에게 초콜릿 세 조각을 상으로 주면서 아들에게 이야기하는 장면이다. 이 문단에서 주의해서 기억해야 할 것은 어머니가 초콜릿 조각을 하나씩 줄 때마다 그것에 각각 어떤 의미를 부여했는가이다. 첫 번째 초콜릿은 그의 뛰어난 상상력을 칭찬한 것이다. ▶ 睡觉前，母亲拿出一个盒子，把一块巧克力递给孩子说，这是为他出色的想象力而奖励他的。
接着，她又在孩子手里放了一块巧克力，"这块巧克力奖给你，因为你有杰出的修复能力，裂缝黏合得几乎完美无缺。"	두 번째 초콜릿은 그의 복원능력을 칭찬하는 것이다. ▶ 接着又给他一块巧克力，赞赏了他杰出的修复能力。
母亲又拿出第三块巧克力说："最后一块巧克力，代表我对你深深的歉意。作为母亲，我不应该把花瓶放在容易摔落的地方。希望你没有被砸到或者被吓到。"	세 번째 초콜릿은 어머니가 아들에게 건네는 사과를 의미한다. ▶ 之后，又拿出第三块巧克力，表示对孩子的歉意，说自己不应该把花瓶放在那儿。
"妈妈，我……"孩子那颗忐忑的心早已飞到了九霄云外，只是笨拙地吐出了几个单字。以后，孩子再也没有说过一次谎，	孩子那颗忐忑的心早已飞到了九霄云外는 '아이의 불안한 마음이 사라졌다' 또는 '안정을 찾았다'라는 뜻이므로 孩子不安的心平静多了로 간단히 표현할 수 있다. ▶ 听了妈妈的话，孩子不安的心平静多了，但不知说什么好。以后，孩子再也没撒过谎。
这三块巧克力既告诫了孩子做人要诚实，又保护了孩子的自尊心。	초콜릿 세 개가 어떤 작용을 했는지 알려주는 마지막 문장을 반드시 기억한다. '既…又…'를 사용하여 既告诫了孩子，又保护了孩子的自尊心라고 표현한 원문을 告诫了孩子，同时又保护了孩子的自尊心으로 바꾸

어 쓸 수 있다.
▶ 母亲用三块巧克力告诫了孩子，同时又保护了孩子的自尊心。

모범답안

三块巧克力

一天，孩子在客厅里玩篮球时，打落了一个古董花瓶。孩子慌忙把碎片用胶水粘好放回原处。晚上被母亲发现时，孩子说是猫打碎的。

睡觉前，母亲拿出一个盒子，把一块巧克力递给孩子说，这是为他出色的想象力而奖励他的。接着又给他一块巧克力，赞赏了他杰出的修复能力。之后，又拿出第三块巧克力，表示对孩子的歉意，说自己不应该把花瓶放在那儿。

听了妈妈的话，孩子不安的心平静多了，但不知说什么好。以后，孩子再也没撒过谎。母亲用三块巧克力告诫了孩子，同时又保护了孩子的自尊心。

Note

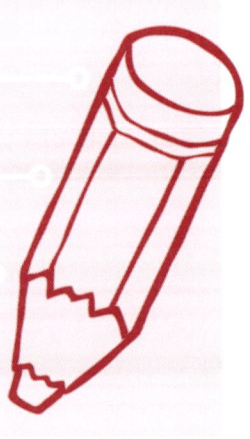

新HSK 백발백중 6급 쓰기 트레이닝

PART 1. 短文缩写

PART 2. 文章段落缩写

PART 3. 1000字左右文章的缩写

PART 4. 模拟考试 & 参考答案

Part 3 1000字左右文章的缩写 400자 내외로 줄여보자!

day 1 _ week 6

문제 1

　　有这样一个小男孩，很晚才放学回家，但是母亲还没下班回来。他知道，母亲常常加班加点，他就蹲在那里等。邻居劝他，先到我们家里吃饭吧，他不，他一定要等母亲。母亲很晚下班时，他的视线已经变得模糊了，可是看到胡同口的身影，还是快乐地飞奔上去，第一句话："妈，可等到你了。"这句话几乎伴随了他的整个小学时期。说这句话时的兴奋、激动、喜悦，历历在目。

　　长大后，他去了外地工作，买了车、买了房。也曾想过把父母接到这个城市里来生活，可或者是因为不自由，或是因为不方便，他告诉自己，再等等吧。城市离家不远，他每个星期回家一次，开着车，准时六点出发，八点到家。可有一天，因为帮一个朋友办事，他出发晚了，手机恰恰又没了电。往家里赶，偏偏在出城时遇到堵车，一切慢吞吞的事情挤在一起，他到晚上十一点钟才到家。快到家时，远远地，车灯前映出一个人影，焦急、紧张地张望。是母亲，他下车的第一步，母亲说了句："哎呀，可等到你了。"一句话，就那样穿越了他数十年的时光，一下子扑面而来，让他几乎透不过气。他就那样，怔在了车前，良久，才走到帮着他提行李的母亲身前，抱住母亲，说了句："妈，我也等到你了。"

　　他把父母接到了城市里，每天按时下班回家。后来他换了大房子，结了婚，每次跟下属开会或是聚餐，他总是让下属早点回家，他说，别让亲情等太久。他常说，世上最持久最恒久的感情是亲情，不管是否有伤害，有动摇，有忽略，因为那一份绵久敦厚的情在那里等，总是会等到谅解，等到坚定，等到在乎的。因为这种感情，不是两人相遇后产生，而是从一开始，就注定了血浓于水。

단어 蹲 dūn 동 쪼그리고 앉다 ｜ 视线 shìxiàn 명 시선, 눈길 ｜ 模糊 móhu 형 흐릿하다 ｜ 历历在目 lìlì zàimù 성어 지나간 일이 눈 앞에 선하다 ｜ 恰恰 qiàqià 부 바로, 마침 ｜ 慢吞吞 màntūntūn 느릿느릿하다, 꾸물거리다 ｜ 车灯 chēdēng 명 전조등, 헤드라이트 ｜ 映出 yìngchū 동 상영하다 ｜ 张望 zhāngwàng 동 두리번거리다, 둘러보다 ｜ 扑面 pūmiàn 동 얼굴을 향해 덮쳐 오다, 얼굴에 확 스쳐오다 ｜ 怔 zhèng 동 얼이 빠지다, 넋을 놓다 ｜ 良久 liángjiǔ 형 매우 오래다, 시간이 매우 길다 ｜ 亲情 qīnqíng 명 혈육간의 정 ｜ 注定 zhùdìng 동 운명으로 정해져 있다 ｜ 血浓于水 xiěnóng yúshuǐ 성어 피는 물보다 진하다

해석 방과 후 집에 늦게 돌아왔는데도 어머니가 아직 퇴근 전인 그런 한 남자아이가 있었다. 그도 어머니가 자주 야근하는 것을 알기에 그곳에 쪼그려 앉아 기다렸다. 이웃이 우리 집에 가서 먼저 밥이라도 먹자고 해도 그는 한사코 어머니를 기다리겠다고 했다. 어머니가 늦게 퇴근할 때 그의 시선에는 이미 졸음이 가득했지만, 골목 어귀의 그림자를 보면 기뻐서 빠르게 달려가서 처

음 건네는 "엄마, 기다렸잖아요."라는 이 말은 거의 그의 초등학교 시절 내내 따라다녔다. 이 말을 할 때의 흥분과 감격, 기쁨이 눈 앞에 선하다.

장성한 후 그는 외지에 나가 일을 하면서 차도 사고 집도 샀다. 부모님을 이 도시로 모시고 와서 사는 것도 생각해본 적이 있지만, 자유롭지 못할 것 같기도 하고 또 불편할 것 같기도 해서 그는 스스로에게 나중으로 미루자고 이야기했다. 도시는 집에서 멀지 않아 그는 매주 한 번씩 집에 갔는데, 차를 몰고 6시 정각에 출발하면 8시에 도착했다. 그러던 어느 날, 친구 일을 도와주느라 그는 늦게 출발하게 되었는데 하필 휴대전화 배터리도 다 되었다. 집으로 서둘러 가는데 하필 도시를 빠져나갈 때 차가 밀렸다. 느릿느릿 답답한 상황이 한데 몰려 그는 밤 11시가 되어서야 집에 도착했다. 집에 거의 다 와갈 때쯤 멀리 차 전조등 앞에 사람 그림자 하나가 초조해하며 두리번거리는 모습이 비쳤다. 어머니였다. 그가 차에서 첫 발을 떼자 어머니는 말했다. "아이구, 기다렸잖니." 이 한마디가 수십 년의 세월을 통과해 단숨에 밀려와서 그를 숨막히게 했다. 그는 그렇게 차 앞에서 넋을 놓고 한참이 지난 후에야 그를 도와 짐을 꺼내는 어머니 앞으로 걸어갔다. 어머니를 꼭 안으며 말했다. "엄마, 기다렸잖아요."

그는 부모님을 도시로 모시고 왔고 매일 제 시간에 퇴근해 돌아왔다. 그 후로 그는 큰 집으로 옮겼고, 결혼도 했다. 부서의 회의나 회식 때마다 그는 부하직원들이 일찍 집에 돌아가도록 다음과 같이 말했다. "혈육의 정을 너무 오래 기다리게 하지 말게." 그는 또 자주 "세상에 가장 영원한 감정은 바로 혈육 간의 정이다. 상처ㆍ흔들림ㆍ소홀함이 있든 없든, 그 오래고 돈독한 정이 그곳에서 기다리기 때문에, 이해하면서 꾸준하게 마음을 쓰게 되는 것이다. 이러한 감정은 두 사람이 만난 후에 생기는 것이 아니라 처음부터이고, 피가 물보다 진하다는 것은 이미 운명으로 정해져 있다."라고 말한다.

一个小男孩儿每天放学后都等着妈妈回来 → 长大参加工作后每星期回一次家，妈妈等他回来 → 一天他办事回家很晚，可妈妈一直在外面等他，他因此而感动 → 把妈妈接到了城市 → 他常嘱咐手下人别让亲情等太久

缩写요령

有这样一个小男孩，很晚才放学回家，但是母亲还没下班回来。他知道，母亲常常加班加点，他就蹲在那里等。邻居劝他，先到我们家里吃饭吧，他不，他一定要等母亲。

➡ 一个小男孩很晚放学回家，但是母亲还没下班回来，他知道妈妈很忙，就蹲在门口等，一直等到很晚。

母亲很晚下班时，他的视线已经变得模糊了，可是看到胡同口的身影，还是快乐地飞奔上去，第一句话："妈，可等到你了。"这句话几乎伴随了他的整个小学时期。

원문에서는 엄마가 퇴근할 때의 장면을 세밀하게 묘사하고 있는데, 이런 내용을 다 기억할 필요는 없고 아이가 퇴근하는 엄마를 보고 빠르게 달려갔다는 내용만 들어가면 된다. 아들이 밤 늦게 온 엄마에게 한 **可等到你了** 이 말은 이야기에서 중요한 역할을 하므로 꼭 기억해 둔다.

➡ 当看到妈妈时，他飞快地跑过去说："妈，可等到你了。"

说这句话时的兴奋、激动、喜悦，历历在目。

说这句话时는 과거이므로 간단히 **当时**로 처리할 수 있다.

➡ 当时的兴奋、激动、喜悦到现在还历历在目。

长大后，他去了外地工作，买了车、买了房。也

이야기 전개상 불필요한 부분은 미련 없이 버리자!

曾想过把父母接到这个城市里来生活，可或者是因为不自由，或是因为不方便，他告诉自己，再等等吧。	▶ 长大后，他去了外地工作。
城市离家不远，他每个星期回家一次，开着车，准时六点出发，八点到家。可有一天，因为帮一个朋友办事，他出发晚了，手机恰恰又没了电。往家里赶，偏偏在出城时遇到堵车，一切慢吞吞的事情挤在一起，他到晚上十一点钟才到家。	▶ 他每个星期回一次家，有一天因为帮一个朋友办事出发晚了，手机恰恰又没电了，往家赶的路上偏偏又堵车，他到晚上十一点才到家。
快到家时，远远地，车灯前映出一个人影，焦急、紧张地张望。是母亲。	이 부분의 요지는 멀리 초조해하는 엄마의 그림자가 보였다는 것이므로, 아래와 같이 표현할 수 있다. ▶ 快到家时，他远远地看到妈妈焦急的身影。
他下车的第一步，母亲说了句："哎呀，可等到你了。"一句话，就那样穿越了他数十年的时光，一下子扑面而来，让他几乎透不过气。他就那样，怔在了车前，良久，才走到帮着他提行李的母亲身前，抱住母亲，说了句："妈，我也等到你了。"	예전의 감정들이 다시 생각나 감동하여 숨이 멎는 듯 했음을 나타내는 말이므로 **让他感动了**라고 간단하게 표현할 수 있다. ▶ 他刚下车，母亲说了一句："哎呀，可等到你了"。让他感动，他抱住妈妈，说了句："妈，我也等到你了。"
他把父母接到了城市里，每天按时下班回家，后来他换了大房子，结了婚。每次跟下属开会或是聚餐，他总是让下属早点回家，他说，别让亲情等太久。	▶ 后来，他把父母接到了城市，每天按时下班。每次跟下属开会或聚餐时，他总是让下属早点回家，他说，别让亲情等太久。
他常说，世上最持久最恒久的感情是亲情，不管是否有伤害，有动摇，有忽略，因为那一份绵久敦厚的情在那里等，总是会等到谅解，等到坚定，等到在乎的。	주인공이 자주 하던 말의 요지가 '어떤 상황에서도 혈육간의 정은 변하지 않는다'임을 파악한 후 자신의 언어로 표현하는 것이 좋다. ▶ 他常说世上最持久最永恒的爱就是亲情，无论遇到什么事儿，亲情是永远不变的。
因为这种感情，不是两人相遇后产生，而是从一开始，就注定了血浓于水。	이 문장은 '**不是A而是B**'의 구조인데, 화자가 말하고자 하는 핵심은 A가 아니고 B이므로 A부분의 내용은 생략해도 상관없다. ▶ 并且从一开始，就注定了血浓于水。

血浓于水

　　一个小男孩很晚放学回家，但是母亲还没下班回来，他知道妈妈很忙，就蹲在门口等，一直等到很晚。当看到妈妈时，他飞快地跑过去说："妈，可等到你了。"当时的兴奋、激动、喜悦到现在还历历在目。

　　长大后，他去了外地工作。他每个星期回一次家，有一天因为帮一个朋友办事出发晚了，手机恰恰又没电了，往家赶的路上偏偏又堵车，他到晚上十一点才到家。快到家时，他远远地看到妈妈焦急的身影。他刚下车，母亲说了一句："哎呀，可等到你了。"让他感动，他抱住妈妈，说了句："妈，我也等到你了。"后来，他把父母接到了城市，每天按时下班。每次跟下属开会或聚餐时，他总是让下属早点回家，他说，别让亲情等太久。他常说世上最持久最永恒的爱就是亲情，无论遇到什么事儿，亲情是永远不变的，并且从一开始，就注定了血浓于水。

문제 2

　　有个猎人的儿子觉得父亲不但不是一个好猎人，也不是一个好父亲。为了让父亲知道什么样的猎人才是合格的猎人，他决心首先要将自己变成一名真正的猎人，让父亲从此对他刮目相看。

　　猎人离不开猎狗，儿子的工作首先要从养好猎狗开始做起。于是，他悄悄地去市场选了一些优良的小猎狗回来。他给那些小猎狗睡最舒适的狗窝，吃最好的狗粮，还买回来最好的培训资料，对小猎狗进行特别的培训。两个月后，小猎狗一个个长得膘肥体壮，很是惹人喜爱。与父亲养的那些瘦弱不堪的猎狗相比，简直是天壤之别。儿子心里很是得意，于是他迫不及待地带上自己的猎狗打猎去了。可是，他没有想到的是，他的猎狗追起野兽来却是如此失败，一连好几天，别说像野猪这样的大型动物了，就连一只野兔也没有捕到。

　　而父亲的猎狗捕回来的猎物，已经在小院子里堆成了一座小山包。为什么会是这样的呢？他百思不得其解。这时候，父亲说："儿子，我建议你还是撤掉那些舒适的狗窝和美味的狗粮吧，像我一样，让猎狗睡地铺，吃粗粮，只有这样，那些猎狗才会愤怒，也才能成为真正的猎狗。正如你一样，儿子，我没有给你锦衣玉食，你从心底里恨我，于是，现在渐渐长大的你总想干出一番成绩来证明自己的能力，我相信你一定能够做得到！"

　　儿子听从了父亲的话，撤掉了舒适的狗窝和美味的狗粮，只让猎狗睡地铺吃粗粮。开始时，猎狗们一个个显得无所适从，它们由烦躁不安渐渐地变得暴怒不已，不出数日，那些膘肥体壮的家伙，一个个变得瘦弱不堪了。可是，令人奇怪的是，这些猎狗却为他捕回了大量猎物。这时，儿子才惊讶地发现，父亲看似残酷的做法竟然是对的。人生中，真正能够激励人成长成才的，并不是安逸富足的生活，而是那些令你不满甚至痛恨的日子！

단어 刮目相看 guāmù xiāngkàn 성어 눈을 비비고 다시 보다 | 膘肥体壮 biāoféi tǐzhuàng 비대하고 튼실하다 | 天壤之别 tiānrǎng zhībié 성어 하늘과 땅 사이 같은 차이, 엄청난 차이 | 迫不及待 pòbù jídài 성어 절박하여 잠시도 지체할 수 없다, 잠시도 기다릴 수 없다 | 地铺 dìpù 명 (바닥에 임시로 깔아놓은) 자리 | 锦衣玉食 jǐnyī yùshí 성어 비단 옷과 진귀한 음식, 호의호식 | 无所适从 wúsuǒ shìcóng 성어 어떻게 해야 할지 모르다 | 烦躁不安 fánzào bù'ān 성어 초조하다, 불안하다 | 残酷 cánkù 형 잔인하다, 잔혹하다 | 安逸富足 ānyì fùzú 성어 편하고 풍족하다

해석 한 사냥꾼의 아들이 아버지가 좋은 사냥꾼이 아닐 뿐 아니라 좋은 아버지도 아니라고 생각했다. 아버지가 어떤 사냥꾼이 좋은 사냥꾼인지 알도록 하기 위해서, 그는 먼저 자신이 진정한 사냥꾼으로 변해서 아버지가 이로써 자신을 다시 보게끔 하기로 결심했다.

사냥꾼은 사냥개와는 떼려야 뗄 수 없기에 아들의 작업은 먼저 사냥개를 키우는 것부터 시작되어야 했다. 그래서 그는 몰래 시장에 가서 훌륭한 어린 사냥개들을 골라왔다. 그는 그 강아지들에게 편히 잘 수 있는 개집을 만들어주고 제일 좋은 사료를 먹이고, 제일 좋은 훈련자료를 사와서 강아지에게 특별한 훈련을 시켰다. 두 달 후 사냥개들은 모두 몸집이 커지고 튼실해져서 사람들이 좋아했다. 아버지가 키우던 마르고 약하기 짝이 없는 사냥개들과 비교해보면 정말이지 하늘과 땅 차이였다. 아들은 마음속으로 득의양양해서 더 이상 기다리지 못하고 자신의 사냥개들을 끌고 사냥을 나갔다. 그러나 그는 그의 사냥개가 짐승을 쫓는 것에 이처럼 실패할 줄은 생각지 못했고, 며칠 동안 야생돼지와 같은 큰 짐승은 물론이고 토끼 한 마리 조차도 잡지 못했다.

그러나 아버지의 사냥개가 잡아온 것들은 이미 마당에 작은 산처럼 쌓여있었다. 왜 이렇게 되었을까? 그는 아무리 생각해보아도 알 수가 없었다. 이 때 아버지가 말했다. "아들아, 내 생각엔 아무래도 그 편안한 개집과 맛있는 사료를 없애는 것이 좋겠다. 나처럼 사냥개들을 땅에 깔린 자리 위에서 재우고 거친 사료를 줘야만 사냥개들이 분노하고, 그래야 진정한 사냥개가 될 수 있단다. 마치 너처럼, 내가 너를 호의호식 시켜주지 않아 너는 마음속 깊이 나를 원망하고, 그래서 지금 점점 커가는 너는 어떤 성과를 내서 스스로의 능력을 증명하고 싶어하지. 나는 네가 잘 해낼 수 있으리라 믿는다!"

아들은 아버지의 말 대로 편안한 개집과 맛있는 사료를 없앴고, 사냥개들에게 땅바닥에 깔린 깔개 위에서 자게 하고 거친 음식들만 먹였다. 처음에는 사냥개들 모두 어찌할 바를 몰라 불안해하다가 점점 분노가 멈추질 않았고, 얼마 지나지 않아 그 튼실하던 놈들은 매우 마르고 약하게 변했다. 그러나 이상한 것은 그 사냥개들이 큰 짐승들을 잡아온 것이다. 그제서야 놀랍게도 아들은 잔혹하게만 보였던 아버지의 방법들이 옳은 것이었음을 알게 되었다. 인생에 있어 진정으로 인재가 되도록 격려할 수 있는 것은 편하고 풍족한 삶이 아니라 불만스럽고 뼈저리게 싫었던 나날들인 것이다!

구성 猎人的儿子为了证明父亲不是好猎人，想先把自己变成一个真正的猎人 → 他买了一些猎狗，把它们养得很壮 → 他的猎狗什么也没捕到，可爸爸那些瘦弱的狗却捕到了很多猎物 → 爸爸告诉儿子养猎狗的方法，儿子照着父亲的话做了 → 爸爸的方法很有效

缩写

缩写요령

有个猎人的儿子觉得父亲不但不是一个好猎人，也不是一个好父亲。为了让父亲知道什么样的猎人才是合格的猎人，他决心首先要将自己变成一名真正的猎人，让父亲从此对他刮目相看。

➡ 猎人的儿子总是觉得父亲不是一个好猎人，也不是一个好父亲。为了让父亲看看真正猎人的样子，他决定改变自己。

猎人离不开猎狗，儿子的工作首先要从养好猎狗开始做起。于是，他悄悄地去市场选了一些优良的小猎狗回来。他给那些小猎狗睡最舒适的狗

与父亲养的那些瘦弱不堪的猎狗相比，简直是天壤之别 ⇨ 원문 그대로 기억해서 써도 되지만 좀 더 기억하기 쉽도록 간단하게 만들고 싶다면 而父亲那些瘦弱的狗简直不能相比라

窝，吃最好的狗粮，还买回来最好的培训资料，对小猎狗进行特别的培训。两个月后，小猎狗一个个长得膘肥体壮，很是惹人喜爱。与父亲养的那些瘦弱不堪的猎狗相比，简直是天壤之别。

儿子心里很是得意，于是他迫不及待地带上自己的猎狗打猎去了。可是，他没有想到的是，他的猎狗追起野兽来却是如此失败，一连好几天，别说像野猪这样的大型动物了，就连一只野兔也没有捕到。

而父亲的猎狗捕回来的猎物，已经在小院子里堆成了一座小山包。为什么会是这样的呢？他百思不得其解。这时候，父亲说："儿子，我建议你还是撤掉那些舒适的狗窝和美味的狗粮吧，像我一样，让猎狗睡地铺，吃粗粮，只有这样，那些猎狗才会愤怒，也才能成为真正的猎狗。

正如你一样，儿子，我没有给你锦衣玉食，你从心底里恨我，于是，现在渐渐长大的你总想干出一番成绩来证明自己的能力，我相信你一定能够做得到！"

儿子听从了父亲的话，撤掉了舒适的狗窝和美味的狗粮，只让猎狗睡地铺吃粗粮。开始时，猎狗们一个个显得无所适从，它们由烦躁不安渐渐地变得暴怒不已，不出数日，那些膘肥体壮的家伙，一个个变得瘦弱不堪了。可是，令人奇怪的是，这些猎狗却为他捕回了大量猎物。这时，儿子才惊讶地发现，父亲看似残酷的做法竟然是对的。人生中，真正能够激励人成长成才的，并不是安逸富足的生活，而是那些令你不满甚至痛恨的日子！

고 표현할 수 있다.
▶ 儿子首先从养好猎狗开始做起。于是，他先买来了优良的小猎狗，他给那些小猎狗睡最舒适的狗窝，吃最好的狗粮，并对小猎狗进行特别的训练。两个月后，猎狗长得很壮，很可爱，与父亲那些瘦弱的狗简直不能相比。

'A는 고사하고 B조차도 ~하다'라는 뜻의 '别说A，就连B也' 구조에서 강조하는 것은 B이므로 문장의 앞 절은 생략해도 좋다.
▶ 他迫不及待地带着猎狗去打猎，可一连好几天，一只兔子也没捕到，

아버지가 아들에게 한 말은 평서문의 형태로 바꾼다.
아버지가 한 말의 요지는 자신의 방법으로 바꾸라는 것이므로 아들이 사용하던 이전 방법은 언급할 필요가 없다. '사냥개들을 땅에 깔린 자리 위에서 재우고 거친 사료를 주라'는 것만으로도 충분하다.
▶ 而父亲的猎狗捕回的猎物却堆成了山，他百思不得其解。这时父亲向儿子提出建议，要让狗睡地铺，吃粗粮，这样狗才会愤怒，成为真正的猎狗。

아버지가 사냥개를 키우는 방식으로 아들도 강하게 길렀기에, 아들이 좋은 성과를 낼 수 있을 것이라고 믿는다는 내용이 핵심이다.
▶ 并且说，他就是用这种方式养育他的，他相信儿子一定能够做出成绩来。

첫 문장의 핵심내용은 아들이 아버지의 말을 따라 그대로 했다는 것이다. 아버지가 한 말의 내용은 앞 문단에서 나왔기 때문에 다시 언급할 필요가 없고, **儿子按照父亲的话做了**라고만 서술하면 된다.
▶ 儿子按照父亲的话做了，刚开始，狗有点不适应，没过多久狗就变得愤怒、瘦弱不堪。可令他惊讶的是，这些猎狗为他捕回了大量的猎物。他这才明白父亲的做法是对的。人生中，真正能让人成长的并不是富足的生活，而是不满和愤怒的日子。

猎人的儿子

猎人的儿子总是觉得父亲不是一个好猎人，也不是一个好父亲。为了让父亲看看真正猎人的样子，他决定改变自己。

儿子首先从养好猎狗开始做起。于是，他先买来了优良的小猎狗，他给那些小猎狗睡最舒适的狗窝，吃最好的狗粮，并对小猎狗进行特别的训练。两个月后，猎狗长得很壮，很可爱，与父亲那些瘦弱的狗简直不能相比。他迫不及待地带着猎狗去打猎，可一连好几天，一只兔子也没捕到，而父亲的猎狗捕回的猎物却堆成了山，他百思不得其解。这时父亲向儿子提出建议，要让狗睡地铺，吃粗粮，这样狗才会愤怒，成为真正的猎狗。并且说，他就是用这种方式养育他的，他相信儿子一定能够做出成绩来。

儿子按照父亲的话做了，刚开始，狗有点不适应，没过多久狗就变得愤怒、瘦弱不堪了。可令他惊讶的是，这些猎狗为他捕回了大量的猎物。他这才明白父亲的做法是对的。人生中，真正能让人成长的并不是富足的生活，而是不满和愤怒的日子。

Part 3

day 3 _ week 6

문제 3

　　有一家企业需要招聘一名总经理助理，要求的条件是大专以上学历，有三年以上工作经验，年薪十万元。应聘者不乏名牌大学毕业的高才生，也有身手不凡的"跳槽英雄"，更有多名硕士研究生前来谋求这个令人眼热的职位。然而，通过笔试和面试之后，结果竟然出人意料，毕业于一所普通大学中文专业，在一家小企业干过办公室主任的刘放被录用了。

　　面对大家疑惑的表情，公司老总笑笑说："我发现，在你们众多求职者的简历中，大家都把自己的优点与特长包装得相当完美，但没有一个人提到自己的任何缺点。刘放就与大家不同，他的求职简历不仅是一份真实的工作过程，而且也是一份感情真挚的记录。"说到这里，公司老总拿出刘放的简历给几位自以为胜过刘放百倍的精英们看，让他们从刘放的缺点中感受其做人处世的真实。

　　几个人在传阅中看到的是这样一些自我简介：本人起点很低，是一个从农村贫困家庭走出来的学生。在校读书期间，为积累社会经验和提高自身能力，我鼓起勇气承揽了一家奶业经销商为学校家属区分送牛奶的业务。经营仅一个月，因不懂管理和用人不善，结果亏损上千元，不仅白忙活了一个月，而且还给经销商造成不值得信任的印象。从此之后，我时刻提醒自己，做事要时时保持清醒的头脑，不能因粗心大意给自己带来信任危机。大学毕业后，我与同学一起去一家公司应聘，当公司老板提出要选一位聪明勤快、语言表达能力强的人做他的秘书时，我真诚地推荐了同学。现在我可以说，做企业老板的秘书，我基本可以胜任了。此次到贵公司应聘总经理助理，我是鼓足信心而来。……

　　他们看到这里，似乎仍有些不解，于是便问老总："刘放的失败经历和缺点缘何会成为求职的亮点呢？"老总笑呵呵地说："你们看到的只是刘放的缺点和以前的失败，而我看重的是他今后的成功。"

단어 招聘 zhāopìn 동 모집하다 | 助理 zhùlǐ 명 보조, 비서 | 应聘 yìngpìn 동 지원하다 | 不乏 bùfá 동 적지 않다 | 高才生 gāocáishēng 명 우등생 | 身手 shēnshǒu 명 기능, 능력 | 眼热 yǎnrè 형 가지고 싶어하다, 바라다 | 真挚 zhēnzhì 형 진실되다, 참되다 | 精英 jīngyīng 명 인재, 엘리트 | 承揽 chénglǎn 동 맡다, 책임지다 | 亏损 kuīsǔn 동 적자가 나다 | 清醒 qīngxǐng 형 (머리가) 맑고 깨끗하다 | 粗心大意 cūxīn dàyì 성 경솔하고 세심하지 못하다 | 勤快 qínkuai 형 부지런하다 | 胜任 shèngrèn 동 맡은 일을 능히 감당하다 | 缘何 yuánhé 부 왜, 어째서

해석 한 기업에서 사장의 비서를 모집했는데, 채용조건으로 전문대 이상의 학력에 삼 년 이상의 업무경력을 내세웠고 연봉 10만 위안을 제시했다. 지원자 중에는 명문대 졸업생의 고학력자들도 적지 않았고, 능력이 뛰어난 '이직 영웅'들도 있었으 며, 많은 석

사 졸업생들도 사람들이 부러워하는 이 일자리에 지원했다. 그러나 필기시험과 면접시험을 치른 후, 결과는 예상 밖이었다. 평범한 대학의 중문과 출신으로 작은 기업에서 사무실 주임으로 일한 경력이 있는 리우팡이 채용되었던 것이다.

모두의 당혹스러운 표정에 당면하자 사장이 웃으며 말했다. "저는 여러 구직자들의 이력서에서 모두가 자신의 장점과 특기는 완벽하게 포장했으나 자신의 결점에 대해서 언급한 사람은 한 명도 없는 것을 발견했습니다. 그러나 리우팡은 다른 사람들과 달랐습니다. 그의 이력서는 사실대로 업무경력을 기술하고 진솔하게 쓴 이력서였습니다." 사장은 여기까지 말하고서 스스로 리우팡보다 백 배 낫다고 여기는 인재들에게 리우팡의 이력서를 꺼내 보여주며, 그들 스스로 리우팡이 쓴 결점 속에서 리우팡의 됨됨이가 얼마나 진실한지 느껴보도록 했다.

몇 사람이 돌려보며 읽게 된 자기소개서는 다음과 같았다. '저는 어느 농촌의 가난한 가정에서 태어나 출신이 비천합니다. 재학시절에 사회경험도 쌓고 스스로의 능력도 키울 겸 용기를 내어 우유대리점에서 학교 식구들에게 우유를 배달하는 일을 맡았습니다. 겨우 한 달이었지만 관리가 미숙하고 사람을 잘 쓰지 못해서 결국 천 위안 넘게 적자를 보았습니다. 한 달을 헛수고 했을 뿐 아니라 대리점에는 믿음직스럽지 못한 인상까지 남겼습니다. 그 이후로 저는 일을 할 때에는 맑은 정신을 유지해야 하고 부주의해서 스스로의 신용에 금이 가게 해선 안 된다고 스스로에게 매번 되뇌었습니다. 대학 졸업 후 저는 동기와 함께 한 회사에 지원하게 되었는데, 회사의 사장님께서 똑똑하고 부지런하고 말솜씨가 좋은 사람을 자신의 비서로 뽑으려고 한다고 말씀하셨을 때, 저는 진심으로 제 친구를 추천했습니다. 지금 제가 말씀드릴 수 있는 것은 저는 기업 사장의 비서직을 맡아 충분히 감당할 수 있다는 것입니다. 그래서 저는 이번에 자신감을 가지고 귀사의 사장 비서직에 지원하게 되었습니다.'

그들은 여기까지 읽고도 이해할 수 없다는 듯 사장에게 물었다. "리우팡의 실패한 경험과 결점이 어째서 취직하는 데 유리하게 작용한 것입니까?" 사장은 웃으며 말했다. "여러분이 본 것은 리우팡의 결점과 이전의 실패뿐이지만, 내가 중시하는 것은 그의 앞으로의 성공입니다."

구성 企业招聘一名总经理助理，一名普通大学生被录用了 → 大家疑惑不解 → 老板把他那份写得很真实的简历给大家看 → 简历的内容主要写自己的失败经历 → 老板看的是他今后的成功

缩写

缩写요령

有一家企业需要招聘一名总经理助理，要求的条件是大专以上学历，有三年以上工作经验，年薪十万元。

원문에서는 기업에서 필요로 하는 조건과 제시한 대우를 구체적으로 서술하고 있는데, 缩写할 때에는 아래와 같이 포괄적으로 간단히 서술하면 된다.

▶ 有一家企业招聘一名总经理助理，要求的条件不太高，而待遇却很好。

应聘者不乏名牌大学毕业的高才生，也有身手不凡的"跳槽英雄"，更有多名硕士研究生前来谋求这个令人眼热的职位。然而，通过笔试和面试之后，结果竟然出人意料，毕业于一所普通大学中文专业，在一家小企业干过办公室主任的刘放被录用了。	어느 대학교를 졸업했다는 표현은 '毕业于…大学' 혹은 '从…大学毕业'라고 한다. ▶ 对这个抢手的职位，有许多名校高才生、研究生都来应聘。可出人意料的是普通大学毕业的应聘者刘放被录用了。 Tip 만약 '毕业…大学'라고 쓰면 틀린 문장이 된다. 틀린 문장을 써서 감점되지 않도록 주의한다.
面对大家疑惑的表情，公司老总笑笑说："我发现，在你们众多求职者的简历中，大家都把自己的优点与特长包装得相当完美，但没有一个人提到自己的任何缺点。刘放就与大家不同，他的求职简历不仅是一份真实的工作过程，而且也是一份感情真挚的记录。"	▶ 面对大家的疑惑，按公司老总的话说，众多的求职者的简历，都是把自己说得很完美，没有一个人提到自己的缺点。而刘放的简历是一份感情真诚的纪录。
说到这里，公司老总拿出刘放的简历给几位自以为胜过刘放百倍的精英们看，让他们从刘放的缺点中感受其做人处世的真实。	이 부분에서는 기업의 사장이 사람들에게 리우팡의 이력서를 보여주었다는 내용만 들어가면 된다. ▶ 然后他把刘放的简历拿给大家看。
几个人在传阅中看到的是这样一些自我简介：本人起点很低，是一个从农村贫困家庭走出来的学生。在校读书期间，为积累社会经验和提高自身能力，我鼓起勇气承揽了一家奶业经销商为学校家属区分送牛奶的业务。经营仅一个月，因不懂管理和用人不善，结果亏损上千元，不仅白忙活了一个月，而且还给经销商造成不值得信任的印象。	그가 재학시절 경험을 쌓기 위해 한 일에서 실패한 것이 중요하지, 그 업종이 무엇이고 자세한 업무가 무엇이었는지는 중요하지 않다. ▶ 简历的内容是：本人出身于贫困家庭，在校期间，为了积累社会经验，承揽了一家经销商的业务。因不懂管理及用人不善，仅一个月就亏损了上千元。
从此之后，我时刻提醒自己，做事要时时保持清醒的头脑，不能因粗心大意给自己带来信任危机。	주인공이 그 경험을 계기로 얻은 교훈이 무엇인지를 언급하면 된다. ▶ 通过此事我提醒自己，做事不能粗心大意。
大学毕业后，我与同学一起去一家公司应聘，当公司老板提出要选一位聪明勤快、语言表达能力强的人做他的秘书时，我真诚地推荐了同学。现在我可以说，做企业老板的秘书，我基本可以胜任了。此次到贵公司应聘总经理助理，我是鼓足信心而来。……	주인공이 친구를 추천했다는 것은, 그 친구가 더 적합하다고 여겨 추천한 것이므로 我推荐了我的同学，因为我觉得他更适合做这项工作。라고 쓸 수 있다. ▶ 大学毕业后，与同学一起应聘一家公司秘书时，我推荐了我的同学，因为我觉得他更适合做这项工作。现在我可以说，做老板的秘书，我基本可以胜任了。

他们看到这里，似乎仍有些不解，于是便问老总："刘放的失败经历和缺点缘何会成为求职的亮点呢？"

老总笑呵呵地说："你们看到的只是刘放的缺点和以前的失败，而我看重的是他今后的成功。"

▶ 大家看完很不理解，刘放的失败经历怎么能打动老板的心呢？

사장이 리우팡을 뽑게 된 이유를 설명하는 부분이다. 사장이 한 말을 서술문의 형태로 간단히 바꾸어 쓴다.

▶ 老总笑着说："你们看到的是他的失败和不足，而我看到的是他今后的成功。"

모범답안

					一	个	企	业	家	的	眼	光							
		有	一	家	企	业	招	聘	一	名	总	经	理	助	理	，	要	求	的
条	件	不	太	高	，	而	待	遇	却	很	好	。	对	这	个	抢	手	的	职
位	，	有	许	多	名	校	高	才	生	、	研	究	生	都	来	应	聘	。	可
出	人	意	料	的	是	普	通	大	学	毕	业	的	应	聘	者	刘	放	被	录
用	了	。																	
		面	对	大	家	的	疑	惑	，	按	公	司	老	总	的	话	说	，	众
多	的	求	职	者	的	简	历	，	都	是	把	自	己	说	得	很	完	美	，
没	有	一	个	人	提	到	自	己	的	缺	点	。	而	刘	放	的	简	历	是
一	份	感	情	真	诚	的	纪	录	。	然	后	他	把	刘	放	的	简	历	拿
给	大	家	看	。															
		简	历	的	内	容	是	：	本	人	出	身	于	贫	困	家	庭	，	在
校	期	间	，	为	了	积	累	社	会	经	验	，	承	揽	了	一	家	经	销
商	的	业	务	。	因	不	懂	管	理	及	用	人	不	善	，	仅	一	个	月

就亏损了上千元，通过此事我提醒自己，做事不能粗心大意。大学毕业后，与同学一起应聘一家公司秘书时，我推荐了我的同学，因为我觉得他更适合做这项工作。现在我可以说，做老板的秘书，我基本可以胜任了。

　　大家看完很不理解，刘放的失败经历怎么能打动老板的心呢？老总笑着说："你们看到的是他的失败和不足，而我看到的是他今后的成功。"

문제 4

　　几年前，纽约有一位名叫艾米丽的姑娘，她经常自怨自艾，认为自己的理想永远实现不了。她的理想是什么呢？她的理想也是每一位妙龄少女的理想：跟一位英俊潇洒的白马王子结婚，白头偕老。艾米丽认为别人会有这种幸福，自己则永远不可能有。

　　一天下午，不幸的艾米丽去找一位很著名的心理学家，据说他能解除人们的痛苦。她进了心理学家的办公室。握手的时候，她冰凉的手让心理学家的心都颤抖了。他打量了她一下，她眼神呆滞而绝望，说话的声音像是从坟墓里飘出来的。她的一切都像在对心理学家声明："我是没有希望的了，你不会有办法的。"

　　心理学家请她坐下，跟她谈了谈，心里渐渐有了底。最后，他对她说："艾米丽，我会有办法的。但你得按我说的做：明天一早，你就去买身新衣服，不过你不要自己挑，你只问店员，按她的主意买，因为你很需要听听别人的意见。接着你去理个发，你也不要自己挑发型，只问理发师，按他的主意办，因为听从别人的好心的建议总是有益的。星期二晚上，我家有个晚会，请你来参加……"艾米丽摇了摇头，心理学家点点头，问："你的意思是参加晚会也不会愉快，是吧？""肯定愉快不了。""不过我是请你来帮忙的。参加晚会的人不少，互相认识的却不多。你来了，可不要蜡烛似地坐着不动，等着上前跟你打招呼。相反，你得处处留心帮助人。要看见哪个年轻人孤身一人，你就上前问好……""年轻人？问好？""对，上前向他问好，并说你代表我欢迎他。见一个欢迎一个。你的任务就是帮我照顾客人，明白了吗？"艾米丽一脸不安，心理学家继续说："人都到齐后，你自己看看还能为客人做些什么。比如，要是太闷热了，就去开窗；谁还没咖啡，就端一杯。艾米丽，瞧，你要帮我大忙呢！"

　　星期二这天，艾米丽发型得体、衣衫合身，来到了晚会上。她按心理学家的吩咐忙活，忘了自己，只想着助人。她活泼大方、笑容可掬，成了晚会上大家都喜欢的人。晚会结束后，同时有三个青年说要送她回家。一星期又一星期，一个月又一个月，这三个青年热烈地追求艾米丽。艾米丽选中了其中一位，让他给自己戴上了结婚戒指。

 纽约 Niǔyuē [지명] 뉴욕 | 自怨自艾 zìyuàn zìyì [성어] 스스로를 원망하고 한탄하다 | 妙龄 miàolíng [명] 꽃다운 나이 | 英俊 yīngjùn [형] 잘생기다 | 潇洒 xiāosǎ [형] 성격이 시원시원하다 | 白头偕老 báitóu xiélǎo [성어] 백년해로하다 | 颤抖 chàndǒu [동] 부들부들 떨다 | 呆滞 dāizhì [형] 흐리멍텅하다, 생기가 없다 | 坟墓 fénmù [명] 묘지 | 蜡烛 làzhú [명]

양초 | 留心 liúxīn 통 주의하다, 마음을 기울이다 | 到齐 dàoqí 통 모두 도착하다 | 笑容可掬 xiàoróng kějū 성어 만면에 웃음을 띠다

[해석] 몇 년 전, 뉴욕에 애밀리라는 아가씨가 살고 있었는데, 그녀는 자주 스스로를 원망하고 한탄하면서 자신의 꿈은 영원히 실현될 수 없다고 생각했다. 그녀의 꿈은 무엇이었을까? 그녀의 꿈도 여느 꽃다운 나이의 소녀들의 꿈처럼 잘생기고 멋진 백마 탄 왕자와 결혼해서 백년해로하는 것이었다. 애밀리는 다른 사람들은 이런 행복을 가질 수 있지만, 자신은 영원히 불가능할 것이라고 생각했다.

어느 날 오후, 불행한 애밀리는 유명한 심리치료사가 사람들의 고통을 없애줄 수 있다는 말을 듣고 그를 찾아갔다. 그녀는 심리치료사의 사무실로 들어갔다. 악수할 때 그녀의 차가운 손은 심리치료사의 마음까지 떨리게 했다. 그녀를 한번 살펴보니, 그녀의 표정은 생기가 없고 절망적이며 말소리도 무덤에서 날아오는 것만 같았다. 그녀의 모든 것은 심리치료사에게 '나는 희망이 없어요. 당신도 방법이 없을 거예요.'라고 말하는 것만 같았다.

심리치료사는 그녀에게 앉으라고 청하고 그녀와 이야기를 나누면서 점점 자신감이 생겼다. 마지막으로 그는 그녀에게 말했다. "애밀리, 제게 방법이 있습니다. 꼭 제 말대로 따라 주셔야 해요. 내일 아침 새 옷을 사러 가십시오. 단, 본인이 직접 고르지 말고 점원에게 물어보고 그 점원의 생각대로 사십시오. 왜냐하면 당신은 다른 사람의 의견을 들을 필요가 있기 때문입니다. 그리고 나서 머리를 하러 가세요. 단, 본인이 직접 머리스타일을 고르지 말고 미용사에게 물어보고 그 말에 따라 하십시오. 다른 사람의 호의적인 건의를 따르는 것은 유익하기 때문입니다. 화요일 저녁 저희 집에서 파티가 있는데, 참석해주세요." 애밀리가 고개를 흔드니, 심리치료사가 고개를 끄덕이며 물었다. "파티에 참석해도 즐겁지 않을 거 같다는 뜻이군요, 그렇죠?" "정말 즐겁지 못할 거예요." "그렇지만 저는 당신께 도움을 청하는 거예요. 파티에 참석하는 사람이 많긴 하지만 서로 아는 사람은 적어요. 오셔서 촛불처럼 가만히 앉아서 다른 사람이 다가와 말 걸어줄 때까지 기다려선 안 됩니다. 반대로 여기저기 관심을 가지고 사람들을 도와주세요. 만약 어떤 청년이 혼자 외로이 있다면 당신이 먼저 가서 인사를 하세요." "청년한테, 인사요?" "네, 다가가서 그에게 인사를 건네고 저를 대신해서 환영해주세요. 보는 사람마다 다 환영해주세요. 당신의 임무는 바로 저를 도와 손님들을 돌보는 것입니다. 아시겠죠?" 애밀리의 얼굴엔 불안한 표정이 가득했지만 심리치료사는 계속 말을 이어갔다. "사람들이 다 도착하면, 손님들을 위해 무엇을 할 수 있을지 스스로 찾아보세요. 예를 들어, 너무 더우면 창문을 연다든지, 누가 커피가 없다면 한 잔 가져다 준다든지. 에밀리, 당신이 제게 얼마나 큰 도움이 된다고요!"

화요일, 애밀리는 어울리는 머리스타일을 하고 딱 맞는 옷을 입고 파티에 참석했다. 그녀는 심리치료사의 분부대로 바쁘게 일했고, 자신은 잊은 채 다른 사람들을 돕는 것만 생각했다. 그녀는 활발하고 대범했고 온 얼굴에 웃음이 가득해서, 파티에 온 모두가 좋아하는 사람이 되었다. 파티가 끝난 후, 동시에 세 명의 청년이 그녀를 집에 바래다 주겠다고 했다. 한 주 한 주가 흘러 몇 달이 지났고, 그 세 청년은 애밀리를 열렬히 쫓아다녔다. 애밀리는 그 중 한 명을 선택했고, 그에게 자신의 손에 결혼반지를 끼우게 했다.

[구성] 姑娘因找不到白马王子而伤心 → 她去找心理医生 → 心理医生让她去改变自己的发型和穿戴 → 医生邀请她参加他的晚会，并给姑娘布置了晚会上应该做的事情 → 姑娘成了晚会上最受欢迎的人 → 晚会后有三个男人要送她，其中一位后来成了她的丈夫

缩写要领

几年前，纽约有一位名叫艾米丽的姑娘，她经常自怨自艾，认为自己的理想永远实现不了。她的理想是什么呢？她的理想也是每一位妙龄少女的理想：跟一位英俊潇洒的白马王子结婚，白头偕老。艾米丽认为别人会有这种幸福，自己则永远不可能有。

원문 중 自怨自艾란 단어가 없어도 글의 내용을 이해하는 데는 전혀 문제가 되지 않으므로, 아예 빼버리거나 '~때문에 슬퍼하다'라는 뜻의 '因…而伤心'과 같은 표현으로 대체할 수 있다.

➡ 几年前，有一位叫艾米丽的姑娘，她经常因实现不了自己的理想而伤心。她的理想就是找一位白马王子结婚，可这根本不可能。

一天下午，不幸的艾米丽去找一位很著名的心理学家，据说他能解除人们的痛苦。她进了心理学家的办公室。握手的时候，她冰凉的手让心理学家的心都颤抖了。他打量了她一下，她眼神呆滞而绝望，说话的声音像是从坟墓里飘出来的。她的一切都像在对心理学家声明："我是没有希望的了，你不会有办法的。"

이 문단에서는 어느 날 오후 그녀가 고민을 해결해줄 심리치료사를 찾아가게 되는데, 그녀가 심리치료사에게 준 인상을 주로 이야기하고 있다. 그녀의 차가운 손, 생기 없는 표정, 힘 없는 목소리 등의 내용이 들어가면 된다.

➡ 一天下午，她去找一位能解除痛苦的心理医生。医生握住她冰凉的手，看到她呆滞的神情，听到她无力的声音时，震惊了。

心理学家请她坐下，跟她谈了谈，心里渐渐有了底。

➡ 心理学家跟她交谈后，渐渐心里有了底。

最后，他对她说："艾米丽，我会有办法的。但你得按我说的做：明天一早，你就去买身新衣服，不过你不要自己挑，你只问店员，按她的主意买，因为你很需要听听别人的意见。接着你去理个发，你也不要自己挑发型，只问理发师，按他的主意办，因为听从别人的好心的建议总是有益的。星期二晚上，我家有个晚会，请你来参加……"

심리치료사가 애밀리에게 하는 말은 사역동사 让을 사용하여 '~로 하여금 ~하게 하다'란 뜻의 서술문으로 바꿀 수 있다.

➡ 他让姑娘先去买新衣服，最好是按店员的意见，然后去理个发，发型要按理发师的主意办。并告诉艾米丽，星期二晚上来参加他的晚会。

艾米丽摇了摇头，心理学家点点头，问："你的意思是参加晚会也不会愉快，是吧？""肯定愉快不了。"	심리치료사와 애밀리의 대화에서 파티에 가도 즐겁지 않을 것 같다는 애밀리의 생각을 알 수 있다. ➡ 而艾米丽认为这并不能使她愉快。
"不过我是请你来帮忙的。参加晚会的人不少，互相认识的却不多。你来了，可不要蜡烛似地坐着不动，等着上前跟你打招呼。相反，你得处处留心帮助人。要看见哪个年轻人孤身一人，你就上前问好……""年轻人？问好？""对，上前向他问好，并说你代表我欢迎他。见一个欢迎一个。你的任务就是帮我照顾客人，明白了吗？"艾米丽一脸不安，心理学家继续说："人都到齐后，你自己看看还能为客人做些什么。比如，要是太闷热了，就去开窗；谁还没咖啡，就端一杯。艾米丽，瞧，你要帮我大忙呢！"	심리치료사가 그녀에게 파티에 와서 자신을 도와달라고 말하는 내용이다. 그가 손님들께 적극적으로 다가가서 인사하기, 창문 열어주기, 손님에게 커피 갖다주기 등, 그녀에게 부탁한 일들은 꼭 기억한다. ➡ 医生告诉姑娘，他是想请她帮忙的，因为晚会来的客人很多，需要她主动地跟客人打招呼，如果有孤身一人的年轻人，就主动上前问好表示欢迎，给客人端咖啡、开窗等等，她该做的事情很多。
星期二这天，艾米丽发型得体、衣衫合身，来到了晚会上。她按心理学家的吩咐忙活，忘了自己，只想着助人。她活泼大方、笑容可掬，成了晚会上大家都喜欢的人。晚会结束后，同时有三个青年说要送她回家。	➡ 星期二这一天，艾米丽发型得体，穿着合身的衣服来到晚会。她按心理学家的吩咐忙活起来，忘了自己。因她活泼大方、面带微笑、热情好客，成了晚会上非常受欢迎的人。晚会后，同时有三个青年要送她回家。
一星期又一星期，一个月又一个月，这三个青年热烈地追求艾米丽。艾米丽选中了其中一位，让他给自己戴上了结婚戒指。	애밀리가 그 중 한 명을 선택해 그가 자신에게 결혼반지를 끼워주게 했다는 말은 그와 결혼했다는 의미이므로, 她选中了其中一位，和他结了婚 혹은 她选中了其中一位做了自己的丈夫라고 표현할 수도 있다. ➡ 之后，这三个青年热烈地追求她，她选中了其中一位做了自己的丈夫。

모범답안

					心	理	医	生	的	妙	计								
		几	年	前	，	有	一	位	叫	艾	米	丽	的	姑	娘	，	她	经	常
因	实	现	不	了	自	己	的	理	想	而	伤	心	。	她	的	理	想	就	是

找一位白马王子结婚，可这根本不可能。

一天下午，她去找一位能解除痛苦的心理医生。医生握住她冰凉的手，看到她呆滞的神情，听到她无力的声音时，震惊了。

心理学家跟她交谈后，渐渐心里有了底。他让姑娘先去买新衣服，最好是按店员的意见，然后去理个发，发型要按理发师的主意办。并告诉艾米丽，星期二晚上来参加他的晚会。而艾米丽认为这并不能使她愉快。医生告诉姑娘，他是想请她帮忙的，因为晚会来的客人很多，需要她主动地跟客人打招呼，如果有孤身一人的年轻人，就主动上前问好表示欢迎，给客人端咖啡、开窗等等，她该做的事情很多。

星期二这一天，艾米丽发型得体，穿着合身的衣服来到晚会。她按心理学家的吩咐忙活起来，忘了自己。因她活泼大方、面带微笑、热情好客，成了晚会上非常受欢迎的人。晚会后，同时有三个青年要送她回家。之后，这三个青年热烈地追求她，她选中了其中一位做了自己的丈夫。

day 5 _ week 6

문제 5

　　一个傻子、一个正常人和一个聪明人，历尽艰险，爬上一座高山，见到传说中的神。神被三个人感动，决定帮他们每个人实现一个愿望。

　　傻子不敢相信这是真的。他试探着说："天太冷，我想要一件羊皮袄。"神挥了一下手，他身上就多了一件羊皮袄。羊皮袄做工精细，又漂亮，又暖和。傻子开心地笑了。不过，他很快就开始后悔。他想，为什么不跟神要两件皮袄呢？

　　正常人想了很久，对神说："我想要100万美元。"神挥了挥手，他的手里就多出一张存单。他看了看存单，跳了起来。那上面果真有100万美元，这么多钱，他一辈子都花不完。

　　轮到聪明人了，可是他并不说话。神问："难道你不想实现一个愿望吗？"聪明人说："我当然想，不过我得多考虑一段日子，我可不想白白放过这么好的机会。"神说："那好，我给你一年的时间考虑。"聪明人开始了漫长的思考。他想，既然只能实现一个愿望，那么，实现什么愿望好呢？如果跟神要钱，哪怕再多，只要自己没有一个好身体，再多的钱也没用。可是如果跟神要健康，哪怕再健康，终归也会老。要不跟神要一瓶长生不老药？可是，那就不能跟神要花不完的钱了。只能实现一个愿望，似乎少了点儿。要不我跟神说："我的愿望是心想事成？"似乎太抽象了。再说，这样会不会害了自己？比如哪天，他突发奇想：我要是墙脚那棵小树该多好啊。结果真成了树，怎么办？那么，金钱美女豪宅香车就没有用了。聪明人痛苦地想啊想啊，不知不觉想了一年。一年里他什么也没干，只想着他唯一的愿望。可他不能再想下去了，因为神规定的期限就要到了。

　　聪明人匆忙上路，艰难地向山上攀爬。一路上他仍然在想。直到见到了神，他才狠狠下了决心。他决定要跟神说："我的愿望是——再给我一万个愿望。"他认为这是对神最好的要求。山上很冷，可他却汗流满面。只一会儿，他就被冻得感冒了。神在耐心地等待他说出自己的愿望。他打了一个喷嚏，说："我的愿望是，再给我一万个……"他忍不住了，又打了一个喷嚏。神笑了，说："你的愿望很独特，我就喜欢你这种没有贪欲的人。"于是，聪明人站在山顶上，一连打了一万个响亮的喷嚏。

단어 艰险 jiānxiǎn 형 험난하다 | 试探 shìtan 동 떠보다 | 羊皮袄 yángpí'ǎo 명 양피 코트 | 存单 cúndān 명 예금증서 | 轮到… lúndào … ~의 차례가 되다 | 白白 báibái 부 헛되이, 쓸데없이 | 漫长 màncháng 형 길다, 멀다 | 豪宅

háozhái 명 '豪华住宅(호화 주택)'의 줄임말 | 不知不觉 bùzhī bùjué 자기도 모르는 사이에 | 攀爬 pānpá 동 타고 오르다 | 狠狠下决心 hěnhěn xià juéxīn 마음을 독하게 먹다 | 打喷嚏 dǎ pēntì 재채기를 하다

바보와 정상인 그리고 똑똑한 사람이 있었는데, 온갖 어려움을 두루 겪으며 높은 산을 오르다가 전설 속의 신을 만나게 되었다. 신은 세 사람에게 감동하여 그들 각각의 소원을 한 가지씩 들어주기로 했다.

바보는 그 말을 믿지 못하고 떠보며 말했다. "날씨가 너무 추우니 양피 코트를 입고 싶어요." 신이 손을 한 번 흔들자 그의 몸에 양피 코트가 입혀졌다. 양피 코트는 정교한 솜씨로 만들어진 것으로 예쁘고 따뜻했다. 바보는 신나서 웃었다. 그러나 곧 후회하기 시작했고, 왜 신에게 양피 코트를 두 벌 달라고 하지 않았을까 하고 생각했다.

정상인은 한참 생각한 후 신에게 말했다. "저는 100만 달러를 주십시오." 신이 손을 흔들자 그의 손 안에 예금증서가 나타났다. 그는 예금증서를 보고서는 기뻐서 펄쩍펄쩍 뛰었다. 그 위에는 정말 100만 달러라고 쓰여 있었는데, 그렇게 많은 돈은 그가 평생 쓰고도 다 못 쓸 금액이었다.

똑똑한 사람의 차례가 되었는데 그는 아무 말이 없었다. 신이 물었다. "설마 너는 소원을 이루고 싶지 않은 것이냐?" 똑똑한 사람이 말했다. "당연히 이루고 싶지요, 하지만 얼마의 기간 동안 잘 생각해봐야 할 것 같습니다. 저는 이처럼 좋은 기회를 헛되이 놓치고 싶지 않거든요." 신이 말했다. "그래 좋다. 너에게 1년의 생각할 시간을 주마." 똑똑한 사람은 길고 긴 생각에 잠겼다. 그는 소원을 하나 밖에 이룰 수 없으니 어떤 소원을 비는 것이 좋을까 생각했다. 만일 신에게 돈을 달라고 한다면 아무리 돈이 많아 봤자 내 몸이 건강하지 않으면 아무 소용이 없고, 만일 신에게 건강을 달라고 한다면 아무리 건강해 봤자 결국에는 늙게 될 테고. 아니면 신에게 불로장생 약을 달라고 할까? 하지만, 그럼 신에게 써도 써도 끝이 없는 금액의 돈을 달라고 할 수 없잖아. 한 가지 소원만 이룰 수 있는 것은 뭔가 부족한 것 같아. 아니면 신에게 '내 소원은 마음 속의 일이 실제로 이루어지는 것'이라고 말할까? 그건 너무 추상적이야. 게다가 나에게 안 좋을 수도 있어. 예를 들어 어느 날 갑자기 '내가 만일 담벼락의 저 작은 나무라면 얼마나 좋을까'라는 이상한 생각이 나서 진짜 나무가 되어버린다면 어떡하지? 그렇게 되면 돈, 미녀, 호화로운 집, 좋은 차가 있은들 무슨 소용이 있어. 똑똑한 사람은 괴로워하면서 생각하고 또 생각하다가 자신도 모르는 사이에 1년을 생각했다. 1년 동안 그는 아무것도 하지 않고 그의 유일한 소원만 생각했다. 신이 정한 기한이 다 되었기 때문에 그는 더 이상 생각할 수 없었다.

똑똑한 사람은 급히 길에 올랐고 힘겹게 산 위로 올라갔다. 올라가는 길에서도 그는 여전히 생각 중이었다. 신을 만나면, 그는 '저의 소원은 만 개의 소원을 더 달라는 것입니다.'라고 말하리라 굳게 마음을 먹었다. 그가 생각하기에도 이것이 신에게 가장 좋은 요구라는 생각이 들었다. 산 위는 매우 추웠지만 그는 온 얼굴이 땀 범벅이었다. 잠시 후, 그는 추위 때문에 감기에 걸렸다. 신은 인내심 있게 그가 자신의 소원을 말할 때까지 기다렸다. 그는 재채기를 한 번 하고는 말했다. "제 소원은……" 그는 참지 못하고 또 재채기를 했다. "에취, 만 개를 더 달라는 것입니다." 신은 웃으면서 "너의 소원은 참 독특하구나, 난 너처럼 탐욕스럽지 않은 사람이 좋다." 그리하여 똑똑한 사람은 산 정상에 서서 연속 만 번의 재채기를 하였다.

神决定帮一个傻子、一个正常人和一个聪明人实现一个愿望 → 傻子和正常人很快说出了自己的愿望并得到实现 → 聪明人要求神给他一年的期限 → 聪明人想来想去，想不出令自己满意的愿望 → 到了期限 → 最后神给聪明人一万个响亮的喷嚏

缩写

week 6 training

缩写요령

一个傻子、一个正常人和一个聪明人，历尽艰险，爬上一座高山，见到传说中的神。神被三个人感动，决定帮他们每个人实现一个愿望。	이 문단은 이야기의 첫 부분으로, 등장인물의 소개와 이야기의 발단이라는 중요한 역할을 하므로 생략할 수 없다. ➡ 一个傻子、一个正常人和一个聪明人，历尽艰险，爬上一座高山，见到了传说中的神。神被三个人感动，决定帮他们每个人实现一个愿望。 **Tip** 缩写라고 해서 무조건 짧게 쓰는 것만이 좋은 것은 아니다. 들어갈 내용은 다 들어가고, 필요 없는 부분이나 중복되는 내용들을 과감히 버릴 줄 알아야 한다.
傻子不敢相信这是真的。他试探着说："天太冷，我想要一件羊皮袄。"神挥了一下手，他身上就多了一件羊皮袄。羊皮袄做工精细，又漂亮，又暖和。傻子开心地笑了。不过，他很快就开始后悔。他想，为什么不跟神要两件皮袄呢？	试探이란 단어의 뜻을 모른다고 하더라도 전혀 문제가 되지 않는다. 이 문장의 요지는 바보가 신의 말이 진짜인지 믿지 못했다는 것이므로 傻子半信半疑地说라고 간단히 표현할 수 있다. ➡ 傻子半信半疑地试探着说要一件羊皮袄，他真的得到了一件又漂亮又暖和的羊皮袄。他很后悔没要两件。
正常人想了很久，对神说："我想要100万美元。"神挥了挥手，他的手里就多出一张存单。他看了看存单，跳了起来。那上面果真有100万美元，这么多钱，他一辈子都花不完。	➡ 正常人想了很久，他跟神提出要100万美元，他真的如愿以偿了，得到了100万美元的存单，他高兴得跳了起来。
轮到聪明人了，可是他并不说话。神问："难道你不想实现一个愿望吗？"聪明人说："我当然想，不过我得多考虑一段日子，我可不想白白放过这么好的机会。"	똑똑한 사람의 순서가 되었는데, 똑똑한 사람은 이런 좋은 기회를 허비하고 싶지 않았기 때문에 생각할 시간을 좀 달라고했다는 것이 중심내용이다. ➡ 轮到聪明人，可聪明人跟神提出，给他一段考虑的时间，因为他不想放过这样的好机会。
神说："那好，我给你一年的时间考虑。"	➡ 神同意了他的请求，决定给他一年的时间考虑。
聪明人开始了漫长的思考。他想，既然只能实现一个愿望，那么，实现什么愿望好呢？如果跟神	이 문단은 똑똑한 사람이 어떤 소원을 빌지 고민하는 장면이다. 원문에서는 생각의 흐름을 쫓아가며 서술하였기 때문에 그

Part3 1000字左右文章的缩写

要钱，哪怕再多，只要自己没有一个好身体，再多的钱也没用。可是如果跟神要健康，哪怕再健康，终归也会老。要不跟神要一瓶长生不老药？可是，那就不能跟神要花不完的钱了。只能实现一个愿望，似乎少了点儿。要不我跟神说："我的愿望是心想事成？"似乎太抽象了。再说，这样会不会害了自己？比如哪天，他突发奇想：我要是墙脚那棵小树该多好啊。结果真成了树，怎么办？那么，金钱美女豪宅香车就没有用了。	내용을 그대로 기억할 수는 없다. 그가 빌 소원으로 고려했던 포인트들을 기억한다. (花不完的钱，健康，长生不老药，心想事成 등) ➡ 聪明人想了很多很多，花不完的钱、健康、长生不老药、心想事成等等，可选了一个总是可惜放弃另一个。
聪明人痛苦地想啊想啊，不知不觉想了一年。一年里他什么也没干，只想着他唯一的愿望。可他不能再想下去了，因为神规定的期限就要到了。	➡ 他就这样绞尽脑汁地想了一年，神给他的期限到了。
聪明人匆忙上路，艰难地向山上攀爬。一路上他仍然在想。直到见到了神，他才狠狠下了决心。他决定要跟神说："我的愿望是——再给我一万个愿望。"	➡ 聪明人匆忙上路，路上他决定了要跟神提出：再给他一万个愿望。
他认为这是对神最好的要求。山上很冷，可他却汗流满面。只一会儿，他就被冻得感冒了。	산을 올라오느라 땀을 뻘뻘 흘리던 그는 산 꼭대기의 기온이 낮아서 감기에 걸렸다는 것이 포인트이다. ➡ 等他艰难地爬上了山见到神时，他已经汗流满面了，再加上山上很冷，他冻感冒了。
神在耐心地等待他说出自己的愿望。他打了一个喷嚏，说："我的愿望是，再给我一万个……"他忍不住了，又打了一个喷嚏。神笑了，说："你的愿望很独特，我就喜欢你这种没有贪欲的人。"于是，聪明人站在山顶上，一连打了一万个响亮的喷嚏。	똑똑한 사람이 산 정상에 서서 연속으로 재채기 만 번을 했다는 것은, 神给他一万个喷嚏와 같이 신이 그에게 만 개의 재채기를 주었다고 바꾸어 쓸 수도 있다. ➡ 他开始对耐心等待的神说自己的愿望，他打了一个喷嚏，说："我的愿望是，再给我一万个………"然后又打了一个喷嚏。神笑了，说他很喜欢他这种没有贪欲的人，之后，神给了他一万个响亮的喷嚏。 (Tip) 打喷嚏란 단어는 필획이 복잡하여 기억하기 어려우나 이 글에서는 중요한 역할을 하므로 함부로 생략할 수 없다. 원문을 읽을 때 주의하여 기억한다.

모범답안

聪明人的愿望

一个傻子、一个正常人和一个聪明人,历尽艰险,爬上一座高山,见到了传说中的神。神被三个人感动,决定帮他们每个人实现一个愿望。

傻子半信半疑地试探着说要一件羊皮袄,他真的得到了一件又漂亮又暖和的羊皮袄。他很后悔没要两件。正常人想了很久,他跟神提出要100万美元,他真的如愿以偿了,得到了100万美元的存单,他高兴得跳了起来。轮到聪明人,可聪明人跟神提出,给他一段考虑的时间,因为他不想放过这样的好机会。神同意了他的请求,决定给他一年的时间考虑。聪明人想了很多很多,花不完的钱、健康、长生不老药、心想事成等等,可选了一个总是可惜放弃另一个。他就这样绞尽脑汁地想了一年,神给他的期限到了。

聪明人匆忙上路,路上他决定了要跟神提出:再给他一万个愿望。等他艰难地爬上了山见到神时,他已经汗流满面了,再加上山上很冷,他冻感冒了。他开始对耐心等待的神说自己的愿望,他打了一个喷嚏,说:"我的愿望是,再给我一万个……"然后又打了一个喷嚏。神笑了,说他很喜欢他这种没有贪欲的人,之后,神给了他一万个响亮的喷嚏。

문제 6

有一个技艺高超的老锁匠，他的一生中修了很多的锁，他为人正直，每当修好了一把锁以后，就要把自己的姓名和地址告诉人家，还提示别人说："如果你家里发生了盗窃，只要用钥匙打得开的，就记得来找我。"

当老锁匠老了以后，为了让自己的手艺不至于失传，萌生出想收徒弟的想法，结果有许多人帮他到处物色徒弟，而他就在别人为他物色的许多人中挑选了两个年轻人来学他的修锁的手艺，这两个年轻人学了一段时间以后，老锁匠要在这两个年轻人中挑选一个能够得到他真传的徒弟，只有用考核的方法来决定取舍。紧张的考核开始了，老锁匠准备了两个保险柜，分别放在两个不同的房间，他要两个徒弟去把保险柜打开，谁花的时间短，谁就是胜利者。两个徒弟就一个人开一把锁，大徒弟只花了不到十分钟的时间就打开了保险柜，而小徒弟却用了半个小时才打开了保险柜，大家纷纷认为大徒弟必胜无疑了。

老锁匠决定再对这两徒弟来一回面试，老锁匠先问大徒弟："保险柜里有什么？"大徒弟眼睛都放出了光芒，大徒弟说。"师傅，里面有许多的钱，都是百元大钞。"老锁匠接着问小徒弟同样的问题，小徒弟说。"我没有注意是什么，没有看见里面有什么，你叫我开锁，我就开锁。"老锁匠非常高兴，郑重地宣布小徒弟才是胜利者，只有小徒弟才有资格当他的接班人。

大徒弟不服气了，心里想着，自己打开保险柜只要十分钟，比小徒弟快二十分钟，怎么自己反而落选了。大家都迷惑了，老锁匠耐心地解释说："干什么工作都要讲一个信，干我们这一行的，必须具有更加高的职业道德，要做到心中只有锁而没有其他的，对钱财要视而不见。否则，心中有私心和杂念，那么登堂入室或者打开保险柜就易如反掌，最终，就会害人害己，所以，我们修锁的人，心中要有一把永远打不开的锁。"众人听了后，都感觉老锁匠说得有道理。

为什么现在总要求人们又红又专，红就是思想品质过硬，而专就是说自己有本事。我也能理解为什么老锁匠要那么抉择了，他宁可要一个动作慢技术差一些的人来当接班人，因为这个人有着一颗善良的心，有着高尚的职业道德，也不要相对来说那个技术水平过硬，但缺少应具备的高尚的职业道德的人当自己的接班人。

단어

锁匠 suǒjiàng 몡 열쇠수리공 | 失传 shīchuán 동 전해 내려오지 않다 | 徒弟 túdì 몡 제자 | 萌生…想法 méngshēng … xiǎngfǎ ~한 생각이 생겨나다 | 物色 wùsè 동 물색하다 | 保险柜 bǎoxiǎnguì 몡 금고 | 接班人 jiēbānrén 몡 후계자 | 大钞 dàchāo 몡 고액권 | 郑重 zhèngzhòng 형 정중하다 | 登堂入室 dēngtáng rùshì 성어 학문이나 기예 따위가 점차 높은 수준에 도달하다 | 易如反掌 yìrú fǎnzhǎng 성어 손바닥 뒤집듯 쉽다 | 职业道德 zhíyè dàodé 직업도덕 | 抉择 juézé 동 선정하다, 고르다 | 过硬 guòyìng 형 (기술이나 솜씨 등이) 훌륭하다, 대단하다

해석

기술이 뛰어난 열쇠수리공이 한 명 있었다. 그는 일생 동안 많은 자물쇠를 고쳤고 성품이 정직하여 매번 자물쇠를 다 고친 후에 자신의 이름과 주소를 알려주고 그 사람에게 "만일 집에 도둑이 들었는데 열쇠로 열 수 있었다면 저를 찾아오세요."라고 말했다.

열쇠수리공은 나이가 들은 후 자신의 기술이 전해지지 않는 것을 막기 위해 제자를 받아야겠다는 생각이 들어 많은 사람들이 그를 도와 제자를 물색했고, 그는 다른 사람들이 물색한 많은 사람들 중 두 젊은이를 뽑아 자신의 자물쇠 수리기술을 배우게 했다. 이 두 젊은이가 얼마 동안 기술을 배운 후, 열쇠수리공은 두 사람 중 자신의 기술을 전수받을 만한 제자를 심사를 거쳐 뽑기로 결정했다. 긴장되는 심사가 시작되었는데, 열쇠수리공이 금고 두 개를 준비하여 각각 다른 방에 두고 두 제자에게 금고를 열라고 하여 시간이 덜 걸리는 사람이 승리자가 되는 것이었다. 두 제자는 한 사람씩 자물쇠를 땄는데, 큰 제자는 10분도 채 되지 않아 금고를 열었으나 어린 제자는 30분이 지나서야 겨우 금고를 열었다. 모두가 큰 제자가 이기는 것에 의심할 바가 없다고 생각했다.

열쇠수리공은 두 제자와 면접을 했고, 열쇠수리공이 먼저 큰 제자에게 물었다. "금고 안에는 무엇이 있더냐?" 큰 제자는 눈을 번쩍이며 말했다. "스승님, 안에는 돈이 아주 많았는데, 모두 백 위안 짜리 지폐였습니다." 열쇠수리공이 이어서 어린 제자에게 똑같은 질문을 하자, 어린 제자는 "저는 아무것도 신경쓰지 않았고, 어떤 것도 보지 못했습니다. 스승님께서 자물쇠를 열라고 하셔서 저는 열기만 하였습니다."라고 말했다. 열쇠수리공은 매우 기뻐하며 어린 제자가 승리자이고 어린 제자만이 나의 후계자가 될 자격이 있다고 엄숙하게 발표했다.

큰 제자는 결과에 승복하지 못하여 마음 속으로 자신은 금고를 여는 데 10분 밖에 걸리지 않았고 어린 제자보다 20분이나 더 빨랐는데 어째서 자신이 떨어졌을까 생각했다. 모두가 어리둥절하자 열쇠수리공은 인내심을 갖고 설명했다. "무슨 일을 하든 신용이 중요하다. 특히 우리 이 업종은 반드시 더욱 투철한 직업도덕을 가지고 있어야 한다. 마음 속에는 자물쇠만 있고 다른 것은 없어야 하며, 돈이나 재물을 보아도 못 본 체 해야 한다. 그렇지 않고 마음에 사심과 잡념이 있다면, 기술이 아무리 뛰어나고 금고 여는 것이 식은 죽 먹기라고 해도 결국은 다른 사람과 자신 모두에게 해가 된다. 그래서 우리 자물쇠를 고치는 사람들은 마음 속에 영원히 열 수 없는 자물쇠가 있어야 한다." 모두가 이 말을 듣고 열쇠수리공의 말에 일리가 있다고 느꼈다.

왜 지금 사람들에게 红하고 专하길 요구하는가, 红은 생각과 품성이 훌륭한 것이며 专은 스스로가 능력이 있는 것을 말한다. 열쇠수리공이 왜 그렇게 선택했는지 나도 이해가 간다. 어린 제자는 선한 마음과 높은 직업도덕을 가졌기 때문에, 열쇠수리공은 동작이 느리고 기술이 떨어지는 사람을 후계자로 삼을지언정 기술이 훌륭해도 반드시 갖추어야 할 직업도덕이 부족한 사람을 자신의 후계자로 삼지는 않은 것이다.

구성

老锁匠想找一个接班人 → 他找了两个人，想从中选出一个继承他的手艺 → 老锁匠让他们用最快的速度把一个保险箱打开 → 大徒弟很快就打开了 → 老锁匠对两个徒弟进行了面试 → 老锁匠最后选择了小徒弟做自己的接班人 → 老锁匠的职业道德观

缩写

缩写요령

有一个技艺高超的老锁匠，他的一生中修了很多的锁，他为人正直。	▶ 有一个技艺高超的老锁匠，他的一生中修了很多的锁，他为人正直。
每当修好了一把锁以后，就要把自己的姓名和地址告诉人家，还提示别人说："如果你家里发生了盗窃，只要用钥匙打得开的，就记得来找我。"	그가 매번 자물쇠를 고친 후 사람들에게 자신의 이름과 주소를 알려주며 건넨 말에서 그의 서비스가 세심했음을 알 수 있으므로 **服务很周到**라고 간단히 표현할 수 있다. ▶ 服务也很周到。
当老锁匠老了以后，为了让自己的手艺不至于失传，萌生出想收徒弟的想法。	'萌生…想法'는 '~한 생각이 들다'라는 표현으로, 이 부분에서는 열쇠수리공이 제자를 받고 싶은 생각이 들었다는 것이 중심 내용이다. 제자를 받는 것은 자신의 기술을 제자에게 전수해주는 것을 의미하므로 **找一个徒弟把自己的技术传给他**라고 표현할 수도 있다. ▶ 当老锁匠老了以后，为了让自己的手艺不至于失传，想找一个徒弟把自己的技术传给他。
结果有许多人帮他到处物色徒弟，而他就在别人为他物色的许多人中挑选了两个年轻人来学他的修锁的手艺，这两个年轻人学了一段时间以后，老锁匠要在这两个年轻人中挑选一个能够得到他真传的徒弟，只有用考核的方法来决定取舍。	그가 다른 사람이 물색한 여러 사람 중 두 사람을 고르고 그 두 사람에게 일정기간 동안 기술을 가르쳐 시험을 통해 최종적으로 자신의 후계자를 고른다는 것이 주요내용이다. ▶ 于是他在别人给他物色的许多人中选了两个人，让他们学了一段时间，打算经过一段时间的考核，最后选定一个做自己的接班人。
紧张的考核开始了，老锁匠准备了两个保险柜，分别放在两个不同的房间，他要两个徒弟去把保险柜打开，谁花的时间短，谁就是胜利者。	이 문단에서는 열쇠수리공이 준비한 시험의 방식을 소개하고 있다. 금고 두 개를 준비해 각각 열게 하고 누가 더 빨리 여는지를 시험한다는 내용이 들어가도록 간략히 요약한다. ▶ 考核开始了。老锁匠准备了两个保险柜让他们打开，看谁花的时间短。

week 7 training

两个徒弟就一个人开一把锁，大徒弟只花了不到十分钟的时间就打开了保险柜，而小徒弟却用了半个小时才打开了保险柜，大家纷纷认为大徒弟必胜无疑了。	➡ 大徒弟只花了不到十分钟的时间就打开了保险柜，而小徒弟却用了半个小时才打开，大家都认为大徒弟肯定是通过了。
老锁匠决定再对这两徒弟来一回面试，老锁匠先问大徒弟："保险柜里有什么？"	원문에서는 열쇠수리공이 큰 제자에게 먼저 질문하고 그 다음 어린 제자에게 같은 질문을 한다고 표현되어 있는데, 포인트는 질문의 선후관계가 아니라 같은 질문을 한다는 것이다. 그러므로 向他们提了同样的问题라고 한 후 질문의 내용을 평서문으로 바꾸어 쓰면 된다. ➡ 老锁匠又对两个徒弟进行了面试，向他们提了同样的问题，就是开保险柜的时候都看到了什么。
大徒弟眼睛都放出了光芒，大徒弟说。"师傅，里面有许多的钱，都是百元大钞。" 老锁匠接着问小徒弟同样的问题，小徒弟说。"我没有注意是什么，没有看见里面有什么，你叫我开锁，我就开锁。"	큰 제자는 금고에 백 위안 짜리 지폐가 많이 있었다고 대답하고, 어린 제자는 자물쇠를 따기만 했지 아무것도 보지 못했다고 대답하는 것이 포인트이다. 원문에서는 대화문이었던 두 제자의 답변을 각각 평서문으로 바꾸어 간략하게 쓰면 된다. ➡ 大徒弟说他看到了百元大钞，而小徒弟却说他什么也没看见。他只是注意怎么把锁打开。
老锁匠非常高兴，郑重地宣布小徒弟才是胜利者，只有小徒弟才有资格当他的接班人。	열쇠수리공이 어린 제자가 후계자가 될 것이라고 말하는 부분이다. 어린 제자가 '승리자'이기에 '후계자'가 되는 것이므로 한 가지 개념만 기억해 두었다가 쓰면 된다. ➡ 老锁匠高兴地收小徒弟做了自己的接班人。
大徒弟不服气了，心里想着，自己打开保险柜只要十分钟，比小徒弟快二十分钟，怎么自己反而落选了。大家都迷惑了，老锁匠耐心地解释说："干什么工作都要讲一个信，干我们这一行的，必须具有更加高的职业道德，要做到心中只有锁而没有其他的，对钱财要视而不见。否则，心中有私心和杂念，那么登堂入室或者打开保险柜就易如反掌，最终，就会害人害己，所以，我们修锁的人，心中要有一把永远打不开的锁。"众人听了后，都感觉老锁匠说得有道理。	이 문단에서는 열쇠수리공이 하는 말의 논점을 잘 파악한 후 그것을 기억한다. 그는 어떤 일을 하는 사람이든 모두 신용이 있어야 하는데, 만일 기술만 있고 직업도덕이 없다면 좋은 열쇠수리공이 될 수 없으며 잘못하다간 자신과 남에게 해를 끼칠 수 있으므로 열쇠수리공의 마음 속에는 영원히 열 수 없는 자물쇠가 있어야 한다고 생각한다는 내용이다. 신용과 직업도덕에 대해 기술한다. ➡ 老锁匠认为一个人做什么工作都要有"信"字，如果一个人只有技术，没有职业道德的话，是不会成为一个好锁匠的。
为什么现在总要求人们又红又专，红就是思想品质过硬，而专就是说自己有本事。我也能理解为	➡ 其实，各行各业都需要既有过硬的本领，又有职业道德的人才。我们应该时刻提示自己什么可以做，什么事

什么老锁匠要那么抉择了,他宁可要一个动作慢技术差一些的人来当接班人,因为这个人有着一颗善良的心,有着高尚的职业道德,也不要相对来说那个技术水平过硬,但缺少应具备的高尚的职业道德的人当自己的接班人。

情不可以做。

모범답안

　　　　　　老锁匠

　　有一个技艺高超的老锁匠,他的一生中修了很多的锁,他为人正直,服务也很周到。当老锁匠老了以后,为了让自己的手艺不至于失传,想找一个徒弟把自己的技术传给他。于是他在别人给他物色的许多人中选了两个人,让他们学了一段时间,打算经过一段时间的考核,最后选定一个做自己的接班人。

　　考核开始了。老锁匠准备了两个保险柜让他们打开,看谁花的时间短。大徒弟只花了不到十分钟的时间就打开了保险柜,而小徒弟却用了半个小时才打开,大家都认为大徒弟肯定是通过了。老锁匠又对两个徒弟进行了面试,向他们提了同样的问题,就是开保险柜的时候都看到了什么。大徒弟说他看到了百元大钞,而小徒弟却说他什么也没看见。他只是注意怎么把锁打开。老锁匠高兴地收小徒弟做了自己的接班人。

　　老锁匠认为一个人做什么工作都要有"信"字，如果一个人只有技术，没有职业道德的话，是不会成为一个好锁匠的。其实，各行各业都需要既有过硬的本领，又有职业道德的人才。我们应该时刻提示自己什么可以做，什么事情不可以做。

一次，我为培训中心代课，只来了四个学生，我认认真真地上了两个半小时。回家天黑路滑，跌了一身泥。事后，有个朋友好心地劝我："干嘛要这样认真，出两个思考题糊弄一下不就行了？"我说："我不能辜负那四位顶着风雨来上课的学生。"他似乎很不理解。其实，我还有段心事没有说出来。

　　在我上大学二年级的时候，一个周末的下午，有堂选修辅导课，教师是从另一所大学请来的。当时开学不久，再加上是周末，学校组织了好几个活动，班里的同学都忙得不亦乐乎，谁也没心思去上什么课了。我正准备参加一场年级足球赛，成天忙着在足球场上训练，当然也不准备去听课，尤其是这种辅导课。

　　跑到足球场，才发现没带足球鞋，只好又转身回教室。当我一头冲进教室，脚步却不由自主地停住了：教室里空空荡荡，只有一位埋头擦汗的白发老人坐在前排。我不觉一楞，才想起今天下午有课。不知为什么，心里有些紧张，便把脚步放轻放慢向座位走去。"来上课的？"一个沉着的声音在教室前排响起，我感到有一种深邃的目光在望着自己。我没敢吭声，坐在座位上穿好足球鞋，就在我刚想站起来的时候，他突然转过身来，一字一句地对我说："一个人我这课也要上，不能辜负你。"

　　这句话就如同一枚钉子，把我钉在凳子上。他走上讲台，背影有些苍老，但脚步却很坚定。我看见他打开厚厚的一叠教案，然后转身，一丝不苟地写下一行板书，他的声音依然沉着，而且洪亮，空空荡荡的教室里响起了一种震撼人心的回声。我悄悄地把那双足球鞋脱了，又悄悄地拿出课本，仔细地放好，用一种近乎虔诚的心情去捕捉老师的每一句话，每一个动作……

　　后来有很多球场上的同学都回来了，和我一样，端坐在课桌前，听这位白发的老人给我们上课。事后我才知道，他们在操场上等我，老不见人，便来找我，却在窗外看到教室里的情景，你看看我，我看看你，都从后门悄悄溜进了教室。这堂课时间过得真快，我真希望时间能过得慢点，好让更多的同学来听他的课，好像只有这样才不辜负他的一片心。下课了，他拍拍身上的粉笔灰，向我点了点头，夹起讲义走出教室。望着他的白发和微驼的背，我的眼睛有点湿。

　　以后，我没有再遇到这位教师，可他说的那句话却深深地铭记在我的心里。真的，无论遇到什么困难和挫折，我们都不应该辜负别人的信任和尊重，也许只有这样，真诚地对待生活，回首往事时，我们才不会有什么愧疚和遗憾。

단어

代课 dàikè 동 대리수업하다 | 跌 diē 동 넘어지다 | 糊弄 hùnong 동 그럭저럭 해나가다, 아쉬운 대로 ~하다 | 辜负 gūfù 동 헛되게 하다, 저버리다 | 选修课 xuǎnxiūkè 명 선택과목 | 一头 yìtóu 부 곧장 | 深邃 shēnsuì 형 깊다, 심오하다 | 吭声 kēngshēng 동 말하다, 입을 열다 | 背影 bèiyǐng 명 뒷모습 | 苍老 cānglǎo 형 노티나다, 나이가 들어 보이다 | 坚定 jiāndìng 형 확고하다, 꿋꿋하다 | 一丝不苟 yìsī bùgǒu 성어 조금도 빈틈이 없다 | 沉着 chénzhuó 형 침착하다 | 洪亮 hóngliàng 형 크고 우렁차다 | 震撼 zhènhàn 동 뒤흔들다, 감동시키다 | 虔诚 qiánchéng 형 경건하다 | 捕捉 bǔzhuō 동 포착하다, 놓치지 않다 | 溜进 liūjìn 동 잠입하다 | 愧疚 kuìjiù 형 창피하다 | 遗憾 yíhàn 형 유감이다, 아쉽다

해석

한 번은 내가 학원에서 대리수업을 하는데, 학생이 네 명밖에 오지 않았다. 그래도 열심히 두 시간 반 동안 수업을 하고 집에 돌아오는 길에 날도 어둡고 길도 미끄러워서 넘어졌고 온 몸이 진흙투성이가 되었다. 그 후 한 친구가 나에게 좋은 뜻으로 충고했다. "뭘 그리 열심히 해, 사고력 문제 두 개 정도 내주고 대충 시간 때우면 되지 않겠어?" 난 "힘들게 수업 들으러 와준 네 명의 학생들을 져버릴 순 없어."라고 말했지만, 그는 이해하지 못하는 듯 했다. 사실 난 말 못할 고민이 있었다.

내가 대학교 2학년 때 어느 주말 저녁에, 선택과목 보충수업이 있었다. 선생님은 다른 대학에서 초청되어 온 분이었다. 당시는 개강한 지 얼마 되지 않았고 게다가 주말이었기 때문에 학교에서 많은 활동을 조직했었는데, 과 친구들은 모두 몹시 바빠서 누구도 수업 들으러 갈 마음이 없었다. 나 역시 학년별 축구대회를 준비하느라 종일 축구장에서 훈련하느라 바빠서, 당연히 수업에 가려고 하지 않았고 더욱이 보충수업은 갈 마음이 없었다.

축구장에 도착하고서야 축구화를 챙기지 않은 것을 발견하고는 어쩔 수 없이 교실로 돌아갔다. 곧장 교실로 들어가던 그때, 내 발걸음이 저절로 멈춰졌다. 교실은 텅 비어 있었고, 열심히 땀을 닦으시는 한 백발노인만이 맨 앞 줄에 앉아 있었다. 나는 잠시 멍하니 있다가 그제서야 오늘 오후 수업이 있다는 것이 기억났다. 왜인지는 모르겠지만 조금 긴장되어서 발걸음을 늦추고 천천히 자리로 걸어갔다. "수업 들으러 왔나?" 침착한 목소리가 교실 앞줄에서 울렸다. 나는 심오한 눈빛이 나를 바라보고 있음을 느끼고는 감히 대답하지 못하고, 자리에 앉아서 축구화를 신었다. 내가 막 일어나려고 했을 때, 그는 갑자기 몸을 돌려 내게 한마디 했다. "한 명뿐이지만 이 수업을 할 것이오, 학생을 져버릴 수는 없지."

이 말은 마치 못처럼 나를 의자에 고정시켜버렸다. 그는 강단 위로 올라갔고, 뒷모습은 좀 늙어 보였지만 발걸음은 꿋꿋했다. 그가 두툼한 교안을 펼친 후 몸을 돌려 조금도 빈틈없이 판서하는 것을 보았다. 그의 목소리는 여전히 침착했지만 우렁찼다. 텅 빈 교실 안에 사람 마음을 뒤흔드는 메아리가 울려 퍼졌다. 나는 조용히 축구화를 벗어놓고 살며시 교과서를 꺼내어 조심스럽게 놓고 경건함에 가까운 마음으로 선생님의 말 한마디, 동작 하나도 놓치지 않았다.

얼마 후 축구장에 있던 많은 학생들이 돌아와 나처럼 책상 앞에 바르게 앉아 이 백발 노인의 수업을 들었다. 난 그때에서야 알았다. 친구들이 운동장에서 나를 기다리다가 내가 계속 보이지 않자 나를 찾으러 왔는데, 창 밖에서 교실 안의 상황을 보고는 서로 난처해하며 쳐다보다가 뒷문으로 조용히 들어온 것이었다. 수업시간은 빠르게 지나갔다. 더 많은 친구들이 선생님의 수업을 들을 수 있도록 난 시간이 조금만 천천히 지나가기를 바랐다. 마치 이래야지만 선생님의 마음을 져버리지 않는 것처럼 말이다. 수업이 끝난 후, 선생님은 분필가루를 털고 나를 향해 고개를 끄덕이고는 교안을 옆에 끼고 교실 밖으로 나가셨다. 그의 백발과 살짝 굽은 등을 보며 내 눈가가 조금 촉촉해졌다.

그 후 나는 이 선생님을 다시 뵌 적이 없지만, 선생님이 했던 그 말씀은 내 마음 속 깊이 새겨져 있다. 진심으로, 어떤 어려움이나 좌절을 만나더라도 우리는 다른 사람의 신임과 존중을 져버려선 안 된다. 이렇게 성실하게 생활에 임하고 옛일을 떠올릴 때에 우리는 비로소 부끄러움과 아쉬움이 남지 않을 것이다.

구성 由在培训班代课的经历想起一段上大二时发生的事儿 → 听一位老教授讲课的过程 → 老教授感人的话给我留下的印象 → 往事对我人生的启迪

缩写

缩写요령

一次，我为培训中心代课，只来了四个学生，我认认真真地上了两个半小时。回家天黑路滑，跌了一身泥。事后，有个朋友好心地劝我："干嘛要这样认真，出两个思考题糊弄一下不就行了？"	친구가 '나'에게 한 충고의 말 속에 담긴 뜻은 '대충 하면 되지 뭘 그리 열심히 하냐'는 것이므로 **有个朋友觉得我太认真了**와 같이 그 의미가 들어 가도록 평서문으로 바꾸어준다. ▶ 一次，我为培训中心代课，只来了四个学生，可还是认真地上了两个半小时。回家的时候还摔了一跤。别人觉得我太认真了，
我说："我不能辜负那四位顶着风雨来上课的学生。"他似乎很不理解。其实，我还有段心事没有说出来。	'비바람을 무릅쓰고 오다'라는 표현은 원문처럼 **顶着风雨来**라고 표현할 수도 있지만, **顶风冒雨来**라고도 표현할 수 있다. ▶ 可我觉得我不能辜负那四位顶风冒雨来上课的学生。其实，我有一段未曾说过的心事。
在我上大学二年级的时候，一个周末的下午，有堂选修辅导课，教师是从另一所大学请来的。当时开学不久，再加上是周末，学校组织了好几个活动，班里的同学都忙得不亦乐乎，谁也没心思去上什么课了。我正准备参加一场年级足球赛，成天忙着在足球场上训练，当然也不准备去听课，尤其是这种辅导课。	이 문단의 요지는 내가 대학교 2학년이던 어느 날 선택과목 보충수업이 있는데, 전혀 수업에 갈 생각은 없고 온통 축구장에 마음이 가 있었다는 것이다. 원문에서는 당시의 상황에 대한 설명이 장황하게 되어있는데, 이야기 전개의 큰 영향을 미치지 않으므로 과감히 생략한다. ▶ 在我上大二的时候，有一天是选修辅导课，可我根本没心思上课，我的心思都放在踢足球上了。
跑到足球场，才发现没带足球鞋，只好又转身回教室。当我一头冲进教室，脚步却不由自主地停住了：教室里空空荡荡，只有一位埋头擦汗的白发老人坐在前排。我不觉一楞，才想起今天下午	축구장에 도착해서야 축구화를 안 가져온 것을 발견하고 교실로 돌아갔는데, 교실은 텅 비어 있고 백발노인 한 명만이 있었다는 것이 중심내용이다. **埋头擦汗的**는 백발노인을 꾸며주는 말이지만 중요하지 않으므로 생략할 수 있다.

有课。

➡ 当我跑到足球场时才发现我没带足球鞋，便急忙回教室去取。走进教室的时候，发现空荡荡的教室里只有一位白发老人坐在最前排，

| Tip | 일반적으로 문장에서 관형어(定语), 부사어(状语)를 생략하면 간단하게 요약할 수 있다.

不知为什么，心里有些紧张，便把脚步放轻放慢向座位走去。"来上课的？"一个沉着的声音在教室前排响起，我感到有一种深邃的目光在望着自己。我没敢吭声，坐在座位上穿好足球鞋，就在我刚想站起来的时候，他突然转过身来，一字一句地对我说："一个人我这课也要上，不能辜负你。"

보통 대화문은 평서문으로 바꾸는 것이 좋은데, 이 글 중 백발의 선생님이 내게 한 말은 '나'에게 큰 영향을 미치는 말이므로 꼭 기억해두었다가 대화문 형태 그대로 써주는 것이 좋다.
➡ 我轻手轻脚地走进去，等我穿好足球鞋刚要起身的时候，他突然转过身来对我说："一个人我这课也要上，不能辜负你。"

这句话就如同一枚钉子，把我钉在凳子上。

➡ 这句话如同一枚钉子，把我钉在了凳子上。

他走上讲台，背影有些苍老，但脚步却很坚定。我看见他打开厚厚的一叠教案，然后转身，一丝不苟地写下一行板书，他的声音依然沉着，而且洪亮，空空荡荡的教室里响起了一种震撼人心的回声。

이 문단에서는 선생님이 강단에 올라가 수업하시는 모습과 목소리를 묘사하고 있다. 원문처럼 세세히 쓸 필요도 없고, 다 기억할 수도 없기 때문에 몇 가지 표현만을 골라 외운다.
➡ 他走上讲台，打开厚厚的一叠教案，然后认认真真地讲起来，教室里响起了那洪亮的声音。

我悄悄地把那双足球鞋脱了，又悄悄地拿出课本，仔细地放好，用一种近乎虔诚的心情去捕捉老师的每一句话，每一个动作……

이 문단의 중심내용은 내가 선생님의 수업을 열심히 들었다는 것이므로 我认真地听课로 줄여 쓸 수도 있고, 아예 생략해도 무방하다.

后来有很多球场上的同学都回来了，和我一样，端坐在课桌前，听这位白发的老人给我们上课。事后我才知道，他们在操场上等我，老不见人，便来找我，却在窗外看到教室里的情景，你看看我，我看看你，都从后门悄悄溜进了教室。

이 후에 몇몇 친구들이 교실로 돌아와 수업을 들었다는 것이 주된 내용이다. 그 친구들이 어떻게 해서 수업을 들으러 오게 되었는지는 중요하지 않으므로 과감히 생략해도 된다.
➡ 后来又有几个同学进来听课。

这堂课时间过得真快，我真希望时间能过得慢点，好让更多的同学来听他的课，好像只有这样才不辜负他的一片心。

➡ 我觉得这堂课时间过得真快，我真的希望时间过得慢一点，好让更多的同学来听他的课。

下课了，他拍拍身上的粉笔灰，向我点了点头，夹起讲义走出教室。望着他的白发和微驼的背，我的眼睛有点湿。

수업이 끝나고 나가시는 선생님의 모습을 묘사하고 있다.
분필가루를 터는 모습, '나'에게 고개로 인사를 하는 모습, 교안을 옆에 끼고 교실을 나가시는 모습, 흰머리와 굽은 등 중 한 가지 정도만 언급해도 무방하다. 원문에서 내가 선생님의 '백발과 굽은 등'을 보며 눈가가 촉촉해지므로 여러 묘사 중 이것을 기억하는 것이 좋다.
▶ 下课了，他走出了教室。

以后，我没有再遇到这位教师，可他说的那句话却深深地铭记在我的心里。真的，无论遇到什么困难和挫折，我们都不应该辜负别人的信任和尊重，也许只有这样，真诚地对待生活，回首往事时，我们才不会有什么愧疚和遗憾。

이야기의 결론이자 내가 선생님의 수업으로 인해 얻은 교훈이 나오는 부분이므로 요지를 잘 기억해둔다.
▶ 从那以后，我再也没遇到过他，可那句话深深地印在我的心里。我懂得了一个道理，无论遇到什么事儿，我们都不应该辜负别人的信任和尊重，这样我们才不会给我们的人生留下遗憾。

모범답안

人生一课

　　一次，我为培训中心代课，只来了四个学生，可还是认真地上了两个半小时。回家的时候还摔了一跤。别人觉得我太认真了，可我觉得我不能辜负那四位顶风冒雨来上课的学生。其实，我有一段未曾说过的心事。
　　在我上大二的时候，有一天是选修辅导课，可我根本没心思上课，我的心思都放在踢足球上了。当我跑到足球场时才发现我没带足球鞋，便急忙回教室去取。走进教室的时候，发现空荡荡的教室里只有一位白发老人坐在最前排，我轻手轻脚地走进去，等我穿好球鞋刚要起身的时候，他突然转过身来对我说："一个人我这课也要上,不能辜负你。"这句话如同一枚钉子,把我钉在了凳子上。他走上讲台,打开厚厚的一叠教案,然后认认真真地讲起来,教室里响起了那洪亮的声音。后来又有几个同学进来听课。我觉得这堂课时间过得真快,我真的希望时间过得慢一点,好让更多的同学来听他的课。下课了,他走出了教室。

　　从那以后,我再也没遇到过他,可那句话深深地印在我的心里。我懂得了一个道理,无论遇到什么事儿,我们都不应该辜负别人的信任和尊重,这样我们才不会给我们的人生留下遗憾。

문제 8

过去20年里我一直是一位室内设计师，我的设计出现在杂志、报纸和电视上。但有个秘密我很少向人谈起。我的事业是从一辆拖车起步的，准确点儿说是从一把老椅子开始的。

当时我和丈夫新婚不久，我们住在一辆拖车里。一天的大部分时间我都懒洋洋地躺在沙发上无所事事，既孤独又沮丧，我感觉自己是个没用的人。我也曾雄心勃勃，我热爱绘画，我知道自己将是个与众不同的人。但是在大学里的第一个学期我的信心受到了致命打击，老师们不喜欢我的作品，同学们也都嘲笑我。我一蹶不振，退了学，嫁了人。我变得很自卑，甚至失去了活下去的勇气。白天我除了睡觉就是看电视或吃零食，对我来说最困难的事情就是从沙发上起来去超市。

有一天在从超市回家的路上，我看到了一把旧椅子。它被人扔在一堆垃圾旁边，显然也是个"弃儿"。不知为什么我想走过去仔细瞧瞧它。它已经老态龙钟：一条腿儿松动了，椅面上的绸布已经破烂，漆皮开始剥落，椅背上还有许多刮痕。我坐上去试了一下，感觉还不错。忽然我回忆起孩提时做手工坐过的椅子，我曾坐在上面裁纸、粘亮片儿、画画儿，憧憬着当画家的美好未来。不知是出于怀旧还是同病相怜吧，我决定把这把破椅子带回家。

一天，我又躺在沙发上看一部重播的喜剧。其实它一点儿也不好笑。盯着电视屏幕，我不知不觉陷入深深的自责之中：我到底怎么了？我难道就这样浑浑噩噩地过一辈子吗？我向窗外望去。太阳正从乌云后面钻出来，光线照在那把旧椅子上。它还是老样子，仍然瘸着一条腿，一副饱经沧桑的模样，但是在阳光的照射下，它似乎向我发出了某种召唤，我为什么不把它修理一下，装饰一新呢？

我的身上不知从哪儿来了一股干劲，我又找回了当小姑娘时画画的冲动。我从旧货店买来绸布、胶水和漆，花了几天时间将那把旧椅子翻修一新。嘿，它看上去相当漂亮！在工作过程中那些已经被我放弃的梦想和计划又回来了。我可以重新回到学校，我可以修复椅子和沙发，甚至装修整个房间。没准儿我会成为一个室内设计师呢！我打量着拖车，决定先从这里开始。我要给它换上新窗帘、新枕头，用我喜爱的颜色将墙壁重新粉刷。这不会很难，也花不了几个钱，所有材料在旧货店里都能买到，只需花一点儿想象和时间。

一个月后，我邀请邻居们来我的"新家"参观。他们的反应让我既骄傲又开心，"哇，太漂亮了。你是花了许多钱请别人做的吧？""简直难以置信！"我知道自己成功了，我又找回了自信。此后不久我重新回到学校并取得了毕业证。我开办了自己的公司，帮助成百上千的人装修他们的房子，使他们的生活发生了改变。冥冥之中我认为是那把老椅子帮我找回了生活的方向。它让我明白创造力藏在每个人的心中，你需要的就是一点儿鼓励、一点儿努力和一把老椅子。

단어 室内设计家 shìnèi shèjìjiā 인테리어 디자이너 | 拖车 tuōchē 명 짐수레 | 从…起步 cóng … qǐbù ~에서 시작하다 | 懒洋洋 lǎnyángyáng 형 축 늘어진 | 沮丧 jǔsàng 동 풀이 죽다 | 雄心勃勃 xióngxīn bóbó 성어 웅대한 포부를 실현하려는 의지가 매우 강하다 | 与众不同 yǔzhòng bùtóng 성어 뭇 사람과 다르다, 남보다 뛰어나다 | 一蹶不振 yìjué búzhèn 성어 한 번 좌절하고 다시 분발하지 못하다 | 自卑 zìbēi 형 비굴하다 | 老态龙钟 lǎotài lóngzhōng 성어 늙어서 동작이 부자연스럽다 | 松动 sōngdòng 동 (나사 등이) 헐거워지다 | 破烂 pòlàn 형 남루하다, 낡아 빠지다 | 剥落 bōluò 동 (조각조각) 떨어지다, 벗겨지다 | 孩提 háití 명 유아, 아동 | 憧憬 chōngjǐng 동 동경하다, 지향하다 | 粘亮片儿 zhān liàngpiànr 반짝이를 붙이다 | 重播 chóngbō 재방송하다 | 浑浑噩噩 húnhún è'è 형 멍청하다 | 还是老样子 háishi lǎoyàngzi 그냥 그대로이다 | 瘸 qué 동 절뚝거리다 | 饱经沧桑 bǎojīng cāngsāng 성어 세상만사의 변화를 실컷 경험하다 | 干劲 gànjìn 명 일을 하려는 의욕, 일에 대한 열성 | 召唤 zhàohuàn 동 부르다 | 粉刷 fěnshuā 동 바르다, 칠하다 | 冥冥之中 míngmíng zhīzhōng 어둠 속

해석 과거 20년 동안 나는 줄곧 인테리어 디자이너였고, 내 디자인은 요즘의 잡지, 신문, TV에도 실렸다. 그런데 나는 다른 사람에게 거의 말하지 않은 비밀이 하나 있다. 내 사업은 짐 수레 한 대에서 시작되었고, 좀 더 정확히 말하자면 낡은 의자 하나에서 시작되었다는 것이다.

나는 남편과 신혼생활이 오래지 않았을 때, 우리는 짐 수레 위에서 살았다. 하루 중 대부분의 시간을 소파 위에 축 늘어져 누운 채 아무 일도 하지 않았고, 고독하여 풀이 죽어서 스스로 아무 쓸모가 없는 사람이라고 느꼈다. 나도 이 전에는 웅대한 포부가 있었다. 난 그림 그리기를 좋아해서 다른 사람들보다 뛰어난 사람이 될 줄 알았다. 그러나 대학교 첫 학기 때 나의 자신감은 치명적인 충격을 받았다. 선생님들은 내 작품을 마음에 들어하지 않으셨고, 친구들도 모두 나를 비웃었다. 난 좌절을 겪은 후 다시 일어서지 못하고, 학업을 포기하고 시집을 갔다. 나는 열등감에 빠졌고 심지어 살아갈 용기조차 잃었다. 낮에는 낮잠을 자지 않으면 TV를 보거나 간식을 먹는 것이 다 였고, 나에게 있어 가장 어려운 일은 소파에서 일어나 수퍼마켓에 가는 것이었다. 어느 날 수퍼마켓에서 집으로 돌아오는 길에 낡은 의자 하나를 보았다. 쓰레기더미 옆에 버려져 있었는데, 분명히 '버려진 아이'였다. 왜인지 모르겠지만 나는 걸어가 그 의자를 자세히 살펴봤다. 그 의자는 이미 낡아 부실했는데, 한쪽 다리는 느슨해져 있고, 의자 위에 씌운 비단 천은 이미 헤졌으며 칠은 벗겨지기 시작하고 의자 등받이에는 많은 흠집이 있었다. 한번 앉아보니 느낌은 괜찮았다. 갑자기 나는 어릴 적 무언가를 만들고 그리기를 할 때 앉던 의자가 떠올랐다. 난 그 위에 앉아 종이를 오리고, 반짝이를 붙이고 그림을 그리며, 화가가 되는 아름다운 미래를 꿈꾸고 있었다. 옛 생각이 나서인지 동병상련의 마음에서인지 모르겠지만, 난 그 낡은 의자를 집으로 가져가기로 마음 먹었다.

하루는 소파 위에 누워 재방송인 희극 한 편을 보고 있었다. 사실 재미가 하나도 없었지만 TV 화면을 주시하면서 나도 모르게 깊은 자책에 빠졌다. '난 도대체 어떻게 된 거지? 설마 이렇게 멍청하게 한 평생 사는 거야?' 난 창 밖을 내다보았다. 태양이 먹구름 뒤에서 막 나오면서 햇빛이 그 낡은 의자를 비추었다. 그 의자는 그냥 그대로였고, 여전히 한쪽 다리를 절며 세상만사 다 겪은 모양을 하고 있었다. 그러나 햇빛이 비춰주니, 그 의자는 나더러 왜 수리해주지 않냐고, 왜 새롭게 꾸며주지 않냐고 말하는 것만 같았다.

week 7 training

내 몸 어디에서 힘이 나왔는지 모르지만, 나는 어렸을 때 그림을 그리던 충동을 다시 되찾았다. 구제품 가게에서 비단천, 접착제와 페인트를 사다가 며칠에 걸쳐 낡은 의자를 새롭게 고쳤다. '굉장히 예쁜 걸!' 작업을 하면서 내가 포기했던 꿈과 계획이 다시 되살아났다. 난 다시 학교로 돌아갈 수도 있고, 의자나 소파를 고칠 수도 있고, 심지어 방 전체를 인테리어 할 수도 있었다. '틀림없이 인테리어 디자이너가 될 수 있을거야!' 난 짐 수레를 살펴보고 먼저 이곳부터 시작하기로 결정했다. 새 커튼, 새 베개로 바꾸고 내가 좋아하는 색깔로 벽을 다시 칠할 것이다. 이건 어렵지도 않고 돈도 얼마 들지 않을 것이다. 모든 재료는 구제품 가게에서 다 살 수 있으니까 약간의 상상력과 시간만 투자하면 된다.

한 달 후, 난 이웃을 초대해 우리 '신혼집'을 구경시켰다. 그들의 반응은 나를 자랑스럽고 기쁘게 만들었다. "와, 정말 예쁘네요. 다른 사람에게 돈 많이 주고 인테리어 맡긴 거 아니에요?" "정말 믿기 힘들어요!" 난 스스로 성공했다는 것을 알았고 다시 자신감을 되찾았다. 이후 난 다시 학교로 돌아가 졸업장을 받았고, 내 회사도 세워 많은 사람들의 생활이 변화될 수 있도록 그들의 집을 인테리어 해주었다. 어둠 속에서 난 그 의자가 내 삶의 방향을 찾아준 거라고 생각했다. 그 의자는 내게 창조력은 모든 이의 마음 속에 숨겨져 있다는 것을 알게 해주었고, 당신이 필요한 것은 약간의 격려와 노력 그리고 낡은 의자 하나인 것이다.

구성: 我的成功与一把椅子的秘密 → 结婚后我对生活失去热情 → 大学时期经历的挫折使自己失去勇气 → 路上看见一把椅子 → 坐在椅子上我的思想发生的变化，产生了信心，有了梦想并付诸行动 → 一个月后，我的事业开始有了起色，开办了自己的公司

缩写

缩写要领

过去20年里我一直是一位室内设计师，我的设计出现在杂志、报纸和电视上。但有个秘密我很少向人谈起。我的事业是从一辆拖车起步的，准确点儿说是从一把老椅子开始的。	원문에서 我的事业是…的，准确点儿说是…的。와 같은 문장 구조를 이루고 있는데, 화자가 궁극적으로 말하고자 하는 것은 뒷절의 내용이므로 앞 절의 내용을 생략해도 무방하다. ➡ 我是一位室内设计师，经常在杂志报纸和电视上发表我的作品。但是我有一个很少向人提起的秘密，其实我的事业是从一把椅子开始的。
当时我和丈夫新婚不久，我们住在一辆拖车里。一天的大部分时间我都懒洋洋地躺在沙发上无所事事，既孤独又沮丧，我感觉自己是个没用的人。	하루의 대부분의 시간을 소파에 축 늘어져서 아무 일도 안 하는 것은 '아무 일도 하지 않고 그럭저럭 나날을 보내다'라는 뜻의 混日子로 표현하면 간단해진다. ➡ 我跟丈夫结婚后，整天无所事事地混日子，觉得自己是个没用的人。
我也曾雄心勃勃，我热爱绘画，我知道自己将是个与众不同的人。但是在大学里的第一个学期我的信心受到了致命打击，老师们不喜欢我的作品，同学们也都嘲笑我。我一蹶不振，退了学，嫁了人。我变得很自卑，甚至失去了活下去的勇气。白天我除了睡觉就是看电视或吃零食，对我来说最困难的事情就是从沙发上起来去超市。	'나'도 원래는 꿈이 있고 스스로가 남들보다 뛰어나다고 생각하던 사람이었는데, 대학교 때 교수님이 내 작품을 싫어하고 친구들도 비웃는 바람에 자신감을 잃고 학교를 그만두고 시집을 갔다는 것이 중심내용이다. ➡ 我也曾是个雄心勃勃的人，觉得自己是个与众不同的人。但大学期间老师不喜欢我的作品，同学们也嘲笑我，从此我很自卑，甚至失去了活下去的勇气。
有一天在从超市回家的路上，我看到了一把旧椅子。它被人扔在一堆垃圾旁边，显然也是个"弃儿"。不知为什么我想走过去仔细瞧瞧它。它已经老态龙钟：一条腿儿松动了，椅面上的绸布已经破烂，漆皮开始剥落，椅背上还有许多刮痕。我坐上去试了一下，感觉还不错。	의자의 다리 하나는 흔들거리고 비단 천이 씌어진 부분도 다 헤졌으며 칠도 벗겨지기 시작하고 흠도 많다는 것은 '아주 낡았다'로 종합해볼 수 있다. ➡ 有一天我从超市回家，路上我看见了一个破旧不堪的椅子，我试着坐上去，感觉很好。
忽然我回忆起孩提时做手工坐过的椅子，我曾坐在上面裁纸、粘亮片儿、画画儿，憧憬着当画家的美好未来。不知是出于怀旧还是同病相怜吧，我决定把这破椅子带回家。	종이 오리기, 반짝이 붙이기, 그림 그리기 등은 做各种手工이란 포괄적 표현으로 바꾸어주면 글자 수를 줄일 수 있다. ➡ 我忽然回忆起了孩提时坐过的椅子，我曾坐在上面做各种手工并憧憬着当画家的美好未来，我当时决定把椅子带回家。
一天，我又躺在沙发上看一部重播的喜剧。其实它一点儿也不好笑。盯着电视屏幕，我不知不觉陷入深深的自责之中：我到底怎么了？我难道就这样浑浑噩噩地过一辈子吗？	이 문단에서는 주인공 '나'가 평상시처럼 나태한 자세로 TV를 보다가 저절로 자신을 자책하게 되었다는 것이 포인트이다. 그러므로 그녀가 보던 프로그램이 재방송인지, 희극인지는 중요하지 않다.

	▶ 一天，我躺在沙发上看着无聊的电视，我不知不觉陷入深深的自责中，问自己，难道我就这样稀里糊涂地过一辈子吗？
我向窗外望去。太阳正从乌云后面钻出来，光线照在那把旧椅子上。它还是老样子，仍然瘸着一条腿，一副饱经沧桑的模样，但是在阳光的照射下，它似乎向我发出了某种召唤，我为什么不把它修理一下，装饰一新呢？	'햇빛이 낡은 의자 위를 비추었다'는 **太阳光线照在了那把旧椅子上**으로 표현할 수가 있는데, 이 때 주의할 것은 了의 위치이다. 보어로 쓰인 在도 동태조사 了도 모두 동사 照 뒤에 위치하게 되는데 어순은 '동사+보어+了'가 된다. 만약 了가 보어 앞에 나와 '照了在…上'이라고 쓰인다면 틀린 문장이 되므로 주의한다. ▶ 这时正好窗外的光线照在了那把旧椅子上，就好像椅子在召唤我，让我把它修理装饰一下。
我的身上不知从哪儿来了一股干劲，我又找回了当小姑娘时画画的冲动。	▶ 我身上来了劲儿，又找回小姑娘时的冲动。
我从旧货店买来绸布、胶水和漆，花了几天时间将那把旧椅子翻修一新。嘿，它看上去相当漂亮！在工作过程中那些已经被我放弃的梦想和计划又回来了。我可以重新回到学校，我可以修复椅子和沙发，甚至装修整个房间。没准儿我会成为一个室内设计师呢！我打量着拖车，决定先从这里开始。我要给它换上新窗帘、新枕头，用我喜爱的颜色将墙壁重新粉刷。这不会很难，也花不了几个钱，所有材料在旧货店里都能买到，只需花一点儿想象和时间。	이 부분은 비교적 길지만 중심내용만 추려보면, 주인공 '나'가 그 낡은 의자와 자신이 사는 짐 수레를 다시 디자인하고 고치면서 인테리어 디자이너가 될 수 있겠다는 자신감이 생겼다는 사실이다. ▶ 我把那把椅子，还有我那辆拖车全都重新设计、翻修一新，并产生了当设计师的信心。
一个月后，我邀请邻居们来我的"新家"参观。他们的反应让我既骄傲又开心，"哇，太漂亮了。你是花了许多钱请别人做的吧？""简直难以置信！"我知道自己成功了，我又找回了自信。	이웃들이 한 말은 칭찬과 감탄의 어기를 가지고 있으므로 **邻居的赞叹** 혹은 **大家的赞叹**이라고 바꾸어주면 된다. ▶ 一个月后当我听到大家的赞叹时，我觉得自己成功了。
此后不久我重新回到学校并取得了毕业证。我开办了自己的公司，帮助成百上千的人装修他们的房子，使他们的生活发生了改变。	중요한 내용이라 볼 수 없으므로 생략해도 좋다.
冥冥之中我认为是那把老椅子帮我找回了生活的方向。它让我明白创造力藏在每个人的心中，你需要的就是一点儿鼓励、一点儿努力和一把老椅子。	이야기의 결말이자, 낡은 의자가 '나'에게 미친 영향을 이야기하는 중요한 부분이므로 반드시 기억한다. ▶ 我心里知道这是那把椅子帮我找到了我人生的方向，它让我明白创造力藏在我们每一个人的心中。

一把老椅子

我是一位室内设计师,经常在杂志报纸和电视上发表我的作品。但是我有一个很少向人提起的秘密,其实我的事业是从一把椅子开始的。

我跟丈夫结婚后,整天无所事事地混日子,觉得自己是个没用的人。我也曾是个雄心勃勃的人,觉得自己是个与众不同的人。但大学期间老师不喜欢我的作品,同学们也嘲笑我,从此我很自卑,甚至失去了活下去的勇气。

有一天我从超市回家,路上我看见了一个破旧不堪的椅子,我试着坐上去,感觉很好,我忽然回忆起了孩提时坐过的椅子,我曾坐在上面做各种手工并憧憬着当画家的美好未来,我当时决定把椅子带回家。一天,我躺在沙发上看着无聊的电视,我不知不觉陷入深深的自责中,问自己,难道我就这样稀里糊涂地过一辈子吗?这时正好窗外的光线照在了那把旧椅子上,就好像椅子在召唤我,让我把它修理装饰一下。我身上来了劲儿,又找回小姑娘时的冲动。我把那把椅子,还有我那辆拖车全都重新设计、翻修一新,并产生了当设计师的信心。一个月后当我听到大家的赞叹时,我觉得自己成功了。我心里知道这是那把椅子帮我找到了我人生的方向,它让我明白创造力藏在我们每一个人的心中。

문제 9

　　有一个五岁的女孩儿非常懂事。有一天，在爸爸妈妈的谈话中听到，弟弟的病非常严重，所以要做一个非常昂贵的手术。但是女孩儿家里没有钱，父母们非常绝望。父亲向泪流满面的母亲说："我们只能等待奇迹的出现。"听完后，女孩似乎想到了什么，连忙跑进屋里，把存钱的玻璃瓶拿了出来，打开盖子把里面的零钱都倒了出来，细数了三遍后把盖子拧上，悄悄走出了房间，向药店走去。

　　到了药店后女孩耐心地等了很久。她用脚搓地搓出了声音，但没人理会她。她清了清嗓子发出了令人难以忍受的声音，还是没人理她。因为店员正在跟一个人说话。最后，她从玻璃瓶里拿出了一枚一元硬币猛地拍到了柜台玻璃上，这下凑巧被店员看见了。

　　"你想要点什么？"店员只是过问了一句。

　　"不好意思，我在跟我的弟弟说话，因为我们好久没见，"店员说完后好像不想听女孩儿的回答，还是回头跟弟弟说话。

　　"我的弟弟的脑袋里好像长了一个坏东西，爸爸说因为家里没有钱只能等待奇迹，奇迹多少钱一个？"女孩儿问道。"什么？你想买什么？"店员问道。

　　"我想买奇迹，我有钱，多少钱一个？"女孩儿问。

　　"小朋友，这里不卖奇迹，"店员的声音有些柔和了。

　　店员的弟弟长得非常体面，个子很高，他弯腰问女孩儿："你这玻璃瓶里有多少钱啊？"女孩儿说："我这里有12块5毛，如果不够的话我还可以回去拿。"店员的弟弟笑着说："奇迹就是12块5毛！"店员的弟弟左手接过了玻璃瓶右手牵着女孩儿的手说。"好吧！跟我一起回去看一下你的父母，也看一下你弟弟病得到底有多么严重。"

　　原来店员的弟弟是一个外科医生，他给女孩儿的弟弟免费做了手术，过了几天弟弟的病痊愈了。事后，父母坐在一起谈"那天的奇迹"，母亲说："如果没有奇迹我真不知道那应该花多少钱。"而女孩儿只知道奇迹的标准价格是12块5毛，但她不知道的是还要加上一个孩子执着的信念。

단어

昂贵 ángguì 휑 (가격이) 높다, 비싸다 | **玻璃瓶** bōlipíng 휑 유리병 | **拧上盖子** nǐngshàng gàizi 뚜껑을 돌려 닫다 | **搓** cuō 통 비비다, 문지르다 | **理会** lǐhuì 통 거들떠보다 | **清嗓子** qīng sǎngzi 헛기침하다 | **硬币** yìngbì 휑 동전 | **猛地** měngde 갑자기, 돌연 | **凑巧** còuqiǎo 뛰 우연히, 공교롭게 | **等待奇迹** děngdài qíjì 기적을 기다리다 | **弯腰** wānyāo 통 허리를 굽히다 | **痊愈** quányù 통 완쾌되다

참 어른스러운 다섯 살짜리 여자아이가 있었다. 하루는 아빠 엄마가 남동생의 병이 심각해서 돈이 많이 드는 수술을 받아야 한다고 이야기하는 것을 듣게 되었다. 그러나 여자아이의 집에는 돈이 없어서 부모는 매우 절망했다. 아빠는 눈물범벅이 된 엄마에게 말했다. "우리는 기적이 일어나길 기다리는 수밖에 없어." 이 말을 듣고 난 후 여자아이는 뭔가가 생각난 듯 바쁘게 방안으로 들어가서 돈을 모아 둔 유리병을 꺼내 뚜껑을 열고 그 안에 든 잔돈을 쏟아냈다. 세 번이나 세어본 후에 뚜껑을 돌려 닫고 조용히 방에서 나와 약국으로 갔다.

약국에 도착한 후 여자아이는 인내심 있게 한참을 기다렸다. 아이가 발을 바닥에 끌어 소리를 냈지만, 아무도 그 여자아이를 거들떠보지 않았다. 아이는 헛기침을 하여 사람들이 참기 힘든 소리를 냈지만 역시 아무도 거들떠보지 않았다. 왜냐하면 점원이 한 사람과 이야기 중이었기 때문이다. 결국 아이는 유리병에서 1위안짜리 동전 하나를 꺼내 거칠게 계산대 유리를 두드렸다. 이 때 우연히 점원이 아이를 보게 되었다.

"뭐가 필요하니?" 점원은 건성으로 한마디 물을 뿐이었다.

"미안하구나, 내가 지금 내 남동생이랑 이야기 중이거든. 우리가 오랜만에 만난 거라서." 점원은 말을 마친 후 마치 여자아이의 대답은 듣기 싫은 양 고개를 돌려 남동생과 이야기를 했다.

"우리 남동생 머리 속에 아무래도 나쁜 것이 자라고 있나 봐요. 아빠가 집에 돈이 없어서 기적을 기다리는 수밖에 없다고 그랬어요. 기적은 하나에 얼마예요?" 여자아이가 물었다. "뭐? 뭐가 필요하다고?" 점원이 물었다.

"기적을 사고 싶어요. 저 돈 있어요, 하나에 얼마예요?" 여자아이가 물었다.

"꼬마야, 여기는 기적을 팔지 않는단다." 점원의 목소리가 좀 부드러워졌다.

점원의 남동생은 잘생기고 키도 컸다. 그가 허리를 숙이며 여자아이에게 물었다. "네 유리병 속에 얼마나 있니?" 여자아이가 말했다. "여기에 12.5위안 있는데, 만일 부족하면 제가 집에 가서 더 가져올 수 있어요." 점원의 동생이 웃으며 말했다. "기적은 딱 12.5원이야!" 점원의 동생은 왼손으로는 유리병을 받아 들고 오른손으로는 여자아이의 손을 잡고 말했다. "좋아! 나랑 같이 너희 부모님을 뵈러 가자. 그리고 네 남동생 병이 얼마나 심각한지 한번 보자."

알고 보니 점원의 남동생은 외과의사였고, 그는 여자아이의 동생에게 무료로 수술을 해주어 얼마 후 남동생의 병은 완쾌되었다. 그 후 부모님은 함께 앉아 '그 날의 기적'을 이야기하셨다. 엄마가 말했다. "만약 기적이 없었다면 우리가 얼마나 많은 돈을 써야 했을지 몰라요." 여자아이는 기적의 가격이 12.5위안인 줄 알지만 거기에 본인의 굳은 신념이 더해져야 한다는 것은 몰랐다.

女孩知道弟弟得了严重的病，家里没钱给他治病 → 她拿着自己全部的钱去药店 → 店员正和弟弟聊天儿，女孩跟店员搭话 → 女孩问"奇迹多少钱" → 店员的弟弟听到女孩弟弟的事儿后一起去女孩的家 → 店员的弟弟是一名医生，女孩弟弟的病治好了 → 女孩儿知道奇迹的标准价格是12块5毛

缩写

Part 3

缩写요령

有一个五岁的女孩儿非常懂事。	▶ 有一个五岁的女孩儿非常懂事。
有一天，在爸爸妈妈的谈话中听到，弟弟的病非常严重，所以要做一个非常昂贵的手术。但是女孩儿家里没有钱，父母们非常绝望。父亲向泪流满面的母亲说："我们只能等待奇迹的出现。"	여자아이가 우연히 부모님이 하는 이야기를 듣게 되는데, 그 내용이 중요하다. 원문을 읽을 때 남동생의 병이 심각한데 비싼 수술비를 댈 수가 없어 기적을 기다릴 수 밖에 없다는 중심을 파악하고 그 내용을 자신의 언어로 간단히 표현한다. ▶ 有一天，她无意中听到父亲对母亲说的话，弟弟病得非常严重，因难以支付昂贵的手术费，所以只能等着"奇迹"的出现。
听完后，女孩似乎想到了什么，连忙跑进屋里，把存钱的玻璃瓶拿了出来，打开盖子把里面的零钱都倒了出来，细数了三遍后把盖子拧上，悄悄走出了房间，向药店走去。	여자아이가 아버지의 말을 듣고, 자기가 돈을 모으던 유리병에서 돈을 전부 꺼내 약국으로 향했다는 것이 중심내용이다. ▶ 女孩听完后，把自己存在玻璃瓶里的钱全部倒出来，数了又数后向药店走去。
到了药店后女孩耐心地等了很久。她用脚搓地搓出了声音，但没人理会她。她清了清嗓子发出了令人难以忍受的声音，还是没人理她。因为店员正在跟一个人说话。最后，她从玻璃瓶里拿出了一枚一元硬币猛地拍到了柜台玻璃上，这下凑巧被店员看见了。	원문에서는 여자아이가 약국 점원의 주의를 끌기 위해 하는 행동들을 자세하게 묘사하고 있으나, 요약쓰기할 때에는 **故意弄出声音**과 같이 간단히 표현하면 된다. 그것이 어떤 방법으로 낸 소리인지는 중요하지 않다. ▶ 到了药店，她为了引起别人的注意，故意弄出声音，可还是没人理她，因为店员正跟她的弟弟说话。后来店员因她弄出的响声发现了她。
"你想要点什么？"店员只是过问了一句。 "不好意思，我在跟我的弟弟说话，因为我们好久没见，"店员说完后好像不想听女孩儿的回答，还是回头跟弟弟说话。	过问이란 단어의 뜻을 몰라도 문맥 상 점원이 크게 관심을 가지고 물은 것이 아니란 것을 알 수 있다. 그러므로 **店员只问了她一句** 혹은 **店员礼貌性地问了她一句**로 표현할 수 있다. 또한 점원의 말에서 점원의 남동생은 점원과 굉장히 오랜만에 보는 것임을 알 수 있는데, 이 사실을 **好久没见的弟弟**와 같이 남

	동생을 꾸며주는 관형어(定语)로 만들어주면 간단히 요약할 수 있다. ➡ 可店员只是礼貌性地问了她一句话后继续跟他那好久没见的弟弟说话。
"我的弟弟的脑袋里好像长了一个坏东西，爸爸说因为家里没有钱只能等待奇迹，奇迹多少钱一个？"女孩儿问道。	➡ 这时，女孩子接着问："弟弟得了重病家里没有钱，只能等奇迹的出现，请问奇迹多少钱？"
"什么？你想买什么？"店员问道。 "我想买奇迹，我有钱，多少钱一个？"女孩儿问。 "小朋友，这里不卖奇迹，"店员的声音有些柔和了。	점원이 되묻자 여자아이가 또 "기적을 사려고 하는데 얼마예요?"라고 말한다. 이것은 여자아이가 윗 문단에서 한 말과 중복되는 내용이므로 **女孩子又重复了一遍**과 같이 바꾸어주면 의미도 유지하면서 글자 수를 줄일 수가 있다. ➡ 店员没听明白，女孩子又重复了一遍。店员告诉她，这里不卖奇迹。
店员的弟弟长得非常体面，个子很高，他弯腰问女孩儿："你这玻璃瓶里有多少钱啊？"女孩儿说："我这里有12块5毛，如果不够的话我还可以回去拿。"	점원 동생의 외모나 키는 중요하지 않다. 점원의 동생이 여자아이에게 얼마가 있냐고 묻자 12.5위안 있다고 대답하는 것이 주요내용이다. ➡ 这时店员的弟弟弯下腰问女孩有多少钱，女孩告诉他有12块5毛。 **Tip** 대화문을 평서문으로 바꿀 때, 问과 告诉는 목적어를 두 개 가질 수 있는 동사이므로 'A问B什么' 또는 'A告诉B什么'의 형태로 써서 'A가 B에게 ~을 묻다, 알려주다'의 뜻으로 사용한다.
店员的弟弟笑着说："奇迹就是12块5毛！"店员的弟弟左手接过了玻璃瓶右手牵着女孩儿的手说。"好吧！跟我一起回去看一下你的父母，也看一下你弟弟病得到底有多么严重。" 原来店员的弟弟是一个外科医生，他给女孩儿的弟弟免费做了手术，过了几天弟弟的病痊愈了。事后，父母坐在一起谈"那天的奇迹"，母亲说："如果没有奇迹我真不知道那应该花多少钱。"	➡ 店员的弟弟说他要跟这个女孩一起去她家看看她弟弟到底病得有多重。原来店员的弟弟是一个外科医生，他给女孩儿的弟弟免费做了手术，过了几天弟弟的病痊愈了。
而女孩儿只知道奇迹的标准价格是12块5毛，但她不知道的是还要加上一个孩子执着的信念。	이 부분은 이야기의 결말이자 글쓴이가 이야기하고자 하는 메시지가 들어있으므로 반드시 기억한다. ➡ 而女孩儿只知道奇迹的标准价格是12块5毛，但她不知道的是还要加上一个孩子执着的信念。

모범답안

12块5毛的"奇迹"

　　有一个五岁的女孩儿非常懂事。有一天，她无意中听到父亲对母亲说的话，弟弟病得非常严重，因难以支付昂贵的手术费，所以只能等着"奇迹"的出现。女孩听完后，把自己存在玻璃瓶里的钱全部倒出来，数了又数后向药店走去。

　　到了药店，她为了引起别人的注意，故意弄出声音，可还是没人理她，因为店员正跟她的弟弟说话。后来店员因她弄出的响声发现了她。可店员只是礼貌性地问了她一句话后继续跟他那好久没见的弟弟说话。这时，女孩子接着问："弟弟得了重病家里没有钱，只能等奇迹的出现，请问奇迹多少钱？"店员没听明白，女孩子又重复了一遍。店员告诉她，这里不卖奇迹。这时店员的弟弟弯下腰问女孩有多少钱，女孩告诉他有12块5毛。店员的弟弟说他要跟这个女孩一起去她家看看她弟弟到底病得有多重。

　　原来店员的弟弟是一个外科医生，他给女孩儿的弟弟免费做了手术，过了几天弟弟的病痊愈了。而女孩儿只知道奇迹的标准价格是12块5毛，但她不知道的是还要加上一个孩子执着的信念。

문제 10

　　一位乘客上了车，发现车不只是外观光鲜亮丽而已，司机先生服装整齐，车内的布置亦十分典雅，他相信这应该是段很舒服的行程。

　　车子一启动，司机很热心地问车内的温度是否适合，又问他要不要听音乐或是收音机。还告诉他可以自行选择喜欢的音乐频道，他选择了爵士音乐，浪漫的爵士风让人放松。

　　司机在一个红绿灯前停了下来，回过头来告诉乘客，车上有早报及当期的杂志，前面是一个小冰箱，冰箱里的果汁及可乐如果有需要，也可以自行取用，如果想喝热咖啡，保温瓶内有热咖啡。

　　这些特殊的服务，让这位上班族大吃一惊，他看了一下司机，司机先生愉悦的表情就像车窗外和煦的阳光。

　　不一会，司机先生对乘客说："前面路段可能会塞车，这个时候高速公路不会塞车，我们走高速公路好吗？"乘客同意后，司机又体贴地说："我是一个无所不聊的人，如果您想聊天，除了政治及宗教外，我什么都可以聊。如果您想休息或看风景，那我就会静静地开车，不打扰您了。"

　　从上车到现在，这位常搭出租车的乘客就充满了惊奇，他问司机："你是从什么时候开始这种服务方式的？"司机说："从我觉醒的那一刻开始。"

　　司机开始说他觉醒的过程，他原来经常抱怨工作辛苦，人生没有意义，但在不经意中，他听到广播节目里正在谈一些人生的态度，大意是你相信什么，就会得到什么，如果你觉得日子不顺心，那么所有发生的都会让你觉得倒霉；相反的，如果今天你觉得是个幸运的一天，那么今天每次所碰到的人，都可能是你的贵人。所以他相信，人要快乐，就要停止抱怨，要让自己改变。从那一刻开始，他开始了一种新的生活方式。

　　目的地到了，司机下了车，绕到后面帮乘客开车门，并递上名片，说："希望下次有机会再为你服务。"这位出租车司机的生意没有受到经济不景气的影响，他很少会空车在这个城市里兜转，他的客人总是会事先预定好他的车，他的改变，不只是创造了更好的收入，而且从工作中得到了自尊。

단어

光鲜 guāngxiān 형 산뜻하다, 선명하고 아름답다 | 亮丽 liànglì 형 아름답다 | 典雅 diǎnyǎ 형 우아하다 | 行程 xíngchéng 명 노정, 여정 | 爵士音乐 juéshì yīnyuè 재즈음악 | 红绿灯 hónglǜdēng 신호등 | 大吃一惊 dàchī yìjīng 성어 무척 놀라다 | 愉悦 yúyuè 형 즐겁다, 기쁘다 | 和煦的阳光 héxù de yángguāng 따사로운 햇빛 | 打扰 dǎrǎo 동 방해하다, 지장을 주다 | 搭出租车 dā chūzūchē 택시를 타다 | 觉醒 juéxǐng 동 각성하다, 깨닫다 | 一

如往常 yìrú wǎngcháng 늘상 예전과 똑같다 | **不经意** bù jīngyì 주의하지 않다. 부주의하다 | **顺心** shùnxīn 혱 뜻대로 되다, 마음대로 되다 | **经济不景气** jīngjì bùjǐngqì 불경기

해석

한 손님이 택시에 올라탔다. 그는 택시의 외관이 아름다울 뿐 아니라 택시기사의 복장도 단정하고 차 내부의 인테리어도 매우 우아한 것을 보고 이번에는 편안한 여정이 될 것이라고 확신했다.

차가 출발하자 기사는 매우 친절하게 차 안의 온도가 적당한지, 음악이나 라디오를 듣고 싶은지 물었다. 또한 그에게 자신이 좋아하는 음악채널을 고를 수 있다고 알려주어 그는 재즈음악을 골랐고, 낭만적인 재즈음악이 긴장을 풀어주었다.

택시기사가 신호등 앞에서 멈추고 고개를 돌려 손님에게 차에 조간신문과 이번 달 잡지가 있고 앞쪽에는 작은 냉장고가 있으니 냉장고 안의 주스나 콜라가 필요하시면 알아서 꺼내 먹어도 되고, 뜨거운 커피가 마시고 싶으시면 보온병 안에 뜨거운 커피가 마련되어 있다고 알려주었다.

이런 특별한 서비스가 그 직장인 손님을 깜짝 놀라게 하여 그는 기사를 한번 쳐다보았다. 기사의 즐거워하는 표정은 마치 차창 밖의 따사로운 햇빛과 같았다.

잠시 후, 기사가 손님에게 말했다. "앞쪽 구간에 차가 막힐 수 있습니다. 지금은 고속도로가 막히지 않을 텐데, 고속도로로 가도 괜찮을까요?" 손님이 동의를 하자 기사는 자상하게 말했다. "저는 왠만한 것은 다 이야기할 수 있는 사람입니다. 만약 이야기를 나누고 싶으시면 정치와 종교이야기를 빼고는 다 가능합니다. 쉬고 싶으시거나 바깥 풍경을 보고 싶으시다면 저는 조용히 차를 몰아 방해하지 않겠습니다."

차에 오른 후, 여지껏 택시를 자주 타는 승객이었던 그는 줄곧 신기하여서 기사에게 물었다. "언제부터 이런 서비스를 시작하셨나요?" 기사가 말했다. "제가 각성하게 된 그 때부터입니다."

기사는 각성의 과정에 대해 말을 시작했다. 그도 원래는 항상 일이 고되고 인생은 의미가 없다고 불평했다고 한다. 그러다 우연히 라디오 프로그램에서 인생의 태도에 대해 이야기하는 것을 듣게 된 것이다. 요지는 당신이 어떤 것을 믿는다면 그것을 얻을 것이라는 내용이었다. 만일 당신이 삶이 뜻대로 되지 않는다고 생각한다면 모든 일이 당신에게는 재수가 없다고 느껴질 것이고, 반대로 만일 오늘이 행운의 날이라고 생각한다면, 오늘 만나는 사람들이 모두 당신의 귀인이 될 것이라고 했다. 그래서 그는 사람이 즐거워지려면 불평하지 말고 자신을 바꿔야 한다고 믿게 되었고, 그때부터 새로운 생활방식을 시작하게 되었다고 한다.

목적지에 도착하여 기사는 차에서 내린 후 뒤쪽으로 돌아 손님에게 차 문을 열어주면서 명함을 내밀며 말했다. "다음 기회에 또 다시 손님을 위해 서비스할 수 있기를 바랍니다." 그 택시기사의 영업은 불경기의 영향을 받지 않았고, 시내를 빈 차로 도는 경우도 극히 드물었으며, 그의 손님들은 사전에 그의 차를 예약했다. 그의 변화는 더 많은 수입을 창출해냈을 뿐 아니라 그가 일 속에서 자존감을 얻게 만들었다.

구성

乘客发现一个很特别的出租车 → 出租车司机热情的服务令乘客吃惊 → 乘客很想知道司机是什么时候开始这种服务方式的 → 司机的思想发生变化的原因 → 新的服务带来事业的变化

缩写

缩写요령

一位乘客上了车，发现车不只是外观光鲜亮丽而已，司机先生服装整齐，车内的布置亦十分典雅，他相信这应该是段很舒服的行程。	'不只是⋯而已', '⋯亦⋯'는 의미가 같은 '不但⋯', '而且⋯也⋯'로 바꿔 쓸 수 있다. ➡ 一位乘客上了车，发现出租车不但外观亮丽，而且司机穿着整齐，车内布置得也很典雅舒适。
车子一启动，司机很热心地问车内的温度是否适合，又问他要不要听音乐或是收音机。还告诉他可以自行选择喜欢的音乐频道，他选择了爵士音乐，浪漫的爵士风让人放松。 司机在一个红绿灯前停了下来，回过头来告诉乘客，车上有早报及当期的杂志，前面是一个小冰箱，冰箱里的果汁及可乐如果需要，也可以自行取用，如果想喝热咖啡，保温瓶内有热咖啡。	이 문단에서는 택시기사가 손님의 위해 어떤 서비스를 했는지 기억하면 된다. (실내온도 적합여부 묻기, 음악채널 선택권 주기, 각종 신문과 잡지 냉장고 속 주스와 콜라, 따뜻한 커피 마련해 놓기 등) 이렇게 원문에 여러 가지 내용이 나올 때, 다 기억하기 어려우므로 선택적으로 2~3가지만 기억하거나 그 여러 가지 내용을 다 포괄할 수 있는 한 문장으로 기억하는 것이 좋다. ➡ 车子一启动，司机就告诉他，他可以选择自己喜欢的音乐频道，并且车内为乘客准备了各种杂志和热咖啡，在前面的小冰箱里有果汁、可乐等，如果需要可以随时取用。
这些特殊的服务，让这位上班族大吃一惊，他看了一下司机，司机先生愉悦的表情就像车窗外和煦的阳光。	和煦的阳光에서 和煦라는 단어를 모른다 하더라도 앞뒤 문맥에 따라 자상한 택시기사의 표정을 비유한 것이므로, '따스한 햇빛'이라는 것을 유추할 수 있다. 낯선 단어를 외우기보다는 자신이 아는 단어 중 의미가 비슷한 것으로 바꿔 기억하는 것이 좋다. ➡ 这些特殊的服务使这位上班族大吃一惊，他看了一眼司机，发现司机的表情就像窗外暖暖的阳光。
不一会，司机先生对乘客说："前面路段可能会塞车，这个时候高速公路不会塞车，我们走高速公路好吗？"	택시기사가 손님에게 차가 막히니 고속도로로 가도 되겠냐고 의견을 묻는 것이 주요내용이다. '~에게 의견을 묻다'는 중국어로 '征求⋯的意见' 혹은 '向⋯征求意见'으로 표현할 수 있다. ➡ 过了一会儿，司机征求客人的意见，因堵车是不是可以走高速公路。
乘客同意后，司机又体贴地说："我是一个无所不聊的人，如果您想聊天，除了政治及宗教外，我什么都可以聊。如果您想休息或看风景，那我就会静静地开车，不打扰您了。"	택시기사의 말 속에서, 손님이 원한다면 손님의 이야기 상대가 되어드리고, 원하지 않으면 조용히 운전을 하겠다는 뜻을 파악한 후 간략히 자신의 언어로 서술하면 된다. ➡ 并告诉乘客如果想聊天他就陪乘客聊，如果不想聊天儿他就会安静地开车。
从上车到现在，这位常搭出租车的乘客就充满了	대화문을 평서문으로 바꿀 때, 주의할 것이 있다. 우선, 인칭대

惊奇，他问司机："你是从什么时候开始这种服务方式的？" 司机说："从我觉醒的那一刻开始。"

사에 주의해야 한다. 대화문에서 주관적이던 시점이 평서문으로 바뀌면 객관적 시점이 되어야 하기 때문이다. 또한 문장부호도 조심해야 한다. 대화문일 때 의문문이라 문장 끝에 问号(?)를 썼다고 하더라도, 평서문으로 바뀌면 问号(?) 대신 句号(。)를 쓴다.

예 "你是从什么时候开始这种服务方式的？"
→ 问他是从什么时候开始这种服务方式的。

▶ 这位乘客充满好奇地问司机，他是什么时候开始这种服务方式的。司机回答："从我觉醒的那一刻开始。"

司机开始说他觉醒的过程，他原来经常抱怨工作辛苦，人生没有意义，但在不经意中，他听到广播节目里正在谈一些人生的态度，大意是你相信什么，就会得到什么，如果你觉得日子不顺心，那么所有发生的都会让你觉得倒霉；相反的，如果今天你觉得是个幸运的一天，那么今天每次所碰到的人，都可能是你的贵人。

그는 우연히 라디오 방송을 듣게 되었는데, 그 방송이 그에게 한 가지 깨달음을 주었다는 것이 중심내용이다.

▶ 司机说，他的变化是因为一次广播，那次的广播让他懂得了一个道理："如果你觉得今天是幸运的一天，那么今天碰到的人都可能是贵人。"

所以他相信，人要快乐，就要停止抱怨，要让自己改变。从那一刻开始，他开始了一种新的生活方式。

▶ 他说人要快乐，不要抱怨，要让自己改变。从此他开始了另一种新的生活方式。

目的地到了，司机下了车，绕到后面帮乘客开车门，并递上名片，说："希望下次有机会再为你服务。"这位出租车司机的生意没有受到经济不景气的影响，他很少会空车在这个城市里兜转，他的客人总是会事先预定好他的车，他的改变，不只是创造了更好的收入，而且从工作中得到了自尊。

시내를 빈 차로 도는 경우도 극히 드물고 손님이 사전에 그의 차를 예약했다는 것은, 택시기사가 불경기의 영향을 받지 않았다는 앞 절의 내용과 같은 의미이므로 앞 절과 뒷 절 중 하나의 표현을 선택해 기억한다.

▶ 打那以后，这位司机很少拉空车，客人总是愿意预定他的车。他的收入提高了，而且获得了自尊。

모범답안

			一	个	司	机	的	优	秀	人	生			
		一	位	乘	客	上	了	车	，	发	现	出	租	车	不	但	外	观	亮
丽	，	而	且	司	机	穿	着	整	齐	，	车	内	布	置	得	也	很	典	雅

舒适。

　　车子一启动,司机就告诉他,他可以选择自己喜欢的音乐频道,并且车内为乘客准备了各种杂志和热咖啡,在前面的小冰箱里有果汁、可乐等,如果需要可以随时取用。这些特殊的服务使这位上班族大吃一惊,他看了一眼司机,发现司机的表情就像窗外暖暖的阳光。

　　过了一会儿,司机征求客人的意见,因堵车是不是可以走高速公路,并告诉乘客如果想聊天他就陪乘客聊,如果不想聊天儿他就会安静地开车。这位乘客充满好奇地问司机,他是什么时候开始这种服务方式的。司机回答:"从我觉醒的那一刻开始。"

　　司机说,他的变化是因为一次广播,那次的广播让他懂得了一个道理:"如果你觉得今天是幸运的一天,那么今天碰到的人都可能是贵人。"他说人要快乐,不要抱怨,要让自己改变。从此他开始了另一种新的生活方式。打那以后,这位司机很少拉空车,客人总是愿意预定他的车。他的收入提高了,而且获得了自尊。

Note

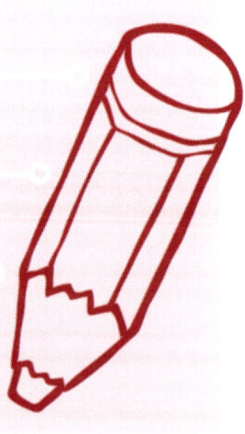

新HSK 백발백중 6급 쓰기 트레이닝

PART 1. 短文缩写

PART 2. 文章段落缩写

PART 3. 1000字左右文章的缩写

PART 4. 模拟考试 & 参考答案

模拟试题1

三、书写

第101题：缩写。

（1）仔细阅读下面这篇文章，时间为10分钟，阅读时不能抄写、记录。
（2）10分钟后，监考收回阅读材料，请你将这篇文章缩写成一篇短文，时间为35分钟。
（3）标题自拟。只需复述文章内容，不需加入自己的观点。
（4）字数为400左右。
（5）请把作文直接写在答题卡上。

一位大哲学家在临终前有一个不小的遗憾——他多年的得力助手，居然在半年多的时间里没能给他寻找到一个最优秀的闭门弟子。事情是这样的：哲学家在风烛残年之际，知道自己时日不多了，就想考验和点化一下他的那位平时看来很不错的助手。他把助手叫到床前说："我的蜡烛所剩不多了，得找另一根蜡烛接着点下去，你明白我的意思吗？"

"明白，"那位助手赶忙说："您的思想光辉是得很好地传承下去……"

"可是，"哲学家慢悠悠地说："我需要一位最优秀的承传者，他不但要有相当的智慧，还必须有充分的信心和非凡的勇气……这样的人选直到目前我还未见到，你帮我寻找和发掘一位好吗？"

"好的，好的。"助手很温顺很尊重地说："我一定竭尽全力地去寻找，以不辜负您的栽培和信任。" 哲学家笑了笑，没再说什么。

那位忠诚而勤奋的助手，不辞辛劳地通过各种渠道开始四处寻找了。可他领来一位又一位，都被这位哲学家——婉言谢绝了。有一次，当那位助手再次无功而返地回到导师病床前时，病入膏肓的哲学家硬撑着坐起来，抚着那位助手的肩膀说："真是辛苦你了，不过，你找来的那些人，其实还不如你……"

"我一定加倍努力，"助手言辞恳切地说，"找遍城乡各地、找遍五湖四海，我也要把最优秀的人选挖掘出来、举荐给您。" 哲学家笑笑，不再说话。

半年之后，哲学家眼看就要告别人世，最优秀的人选还是没有眉目。助手非常惭愧，泪流满面地坐在病床边，语气沉重地说："我真对不起您，令您失望了！"

"失望的是我，对不起的却是你自己，"哲学家说到这里，很失意地闭上眼睛，停顿了许久，才又不无哀怨地说："本来，最优秀的就是你自己，只是你不敢相信自己，才把自己给忽略、给耽误、给丢失了……其实，每个人都是最优秀的，差别就在于如何认识自己、如何发掘和重用自己……"话没说完，一代哲人就永远离开了他曾经深切关注着的这个世界。

＊모범답안은 178쪽을 확인하세요.

三、书写

第101题：缩写。

（1）仔细阅读下面这篇文章，时间为10分钟，阅读时不能抄写、记录。
（2）10分钟后，监考收回阅读材料，请你将这篇文章缩写成一篇短文，时间为35分钟。
（3）标题自拟。只需复述文章内容，不需加入自己的观点。
（4）字数为400左右。
（5）请把作文直接写在答题卡上。

    1989年发生在美国洛杉矶一带的大地震，在不到4分钟的时间里，使30万人受到伤害。在混乱和废墟中，一个年轻的父亲安顿好受伤的妻子，便冲向他7岁的儿子上学的学校。在他眼前，昔日充满孩子们欢声笑语的漂亮的三层教室楼，已变成一片废墟。

    他顿时感到眼前一片漆黑，大喊："阿曼达，我的儿子！"跪在地上大哭了一阵后，他猛地想起自己常对儿子说的一句话："不论发生什么，我总会跟你在一起！"他坚定地站起身，向那片废墟走去。

    他知道儿子的教室在楼的一层左后角处，他疾步走到那里，开始动手。

    在他清理挖掘时，不断地有孩子的父母急匆匆地赶来，看到这片废墟，他们痛哭并大喊："我的儿子！""我的女儿！"喊过后，他们绝望地离开了。有些人上来拉住这位父亲："太晚了，他们已经死了。"这位父亲双眼直直地看着好心人，问道："谁愿意来帮助我？"没人给他肯定的回答，他便埋头接着挖。

    消防队长挡住他："太危险了，随时可能发生起火爆炸。"

    这位父亲问："你是不是来帮助我？"

    警察走过来："你很难过，难以控制自己，可这样不只你自己，对他人也有危险，马上回家去吧。"

    "你是不是来帮助我？"人们都摇头叹息着走开了，都认为这位父亲因失去孩子而精神失常了。但这位父亲心中只有一个念头："儿子在等着我。"

挖了8小时、12小时、24小时、36小时，没人再阻挡他。他满脸灰尘，双眼布满血丝，浑身上下破烂不堪，到处都是血迹。到第38小时，他突然听见底下传出孩子的声音："爸，是你吗？"

儿子的声音！父亲大喊："阿曼达！我的儿子！""爸，真的是你吗？""是我，是爸爸！我的儿子！"儿子告诉同学们不要害怕，说只要我爸爸活着就一定能救出大家。因为他说过不论发生什么事，他都会和我在一起！

"现在怎么样？有几个孩子活着？""这里有14个同学，都活着，我们都在教室的墙角，房顶塌下来架了个大三角形，我们没被砸着。"

*모범답안은 180쪽을 확인하세요.

三、书写

第101题：缩写。

(1) 仔细阅读下面这篇文章，时间为10分钟，阅读时不能抄写、记录。
(2) 10分钟后，监考收回阅读材料，请你将这篇文章缩写成一篇短文，时间为35分钟。
(3) 标题自拟。只需复述文章内容，不需加入自己的观点。
(4) 字数为400左右。
(5) 请把作文直接写在答题卡上。

亚洲一家穷人，在经过了几年的省吃俭用之后，他们积攒够了购买去往澳大利亚的下等舱船票的钱，他们打算到富足的澳大利亚去谋求发财的机会。

为了节省开支，妻子在上船之前准备了许多干粮，因为船要在海上航行十几天才能到达目的地。孩子们看到船上豪华餐厅的美食都忍不住向父母哀求，希望能够吃上一点，哪怕是残羹冷饭也行。可是父母不希望被那些用餐的人看不起，就守住自己所在的下等舱门口，不让孩子们出去。于是，孩子们就只能和父母一样在整个旅途中都吃自己带的干粮。

其实父母和孩子一样渴望吃到美食，不过他们一想到自己空空的口袋就打消了这个念头。旅途还有两天就要结束了，可是这家人带的干粮已经吃光了。实在被逼无奈，父亲只好去求服务员赏给他们一家人一些剩饭。听到父亲的哀求，服务员吃惊地说："为什么你们不到餐厅去用餐呢？"父亲回答说："我们根本没有钱。""可是只要是船上客人都可以免费享用餐厅的所有食物呀！"听了服务员的回答，父亲大吃一惊，几乎要跳起来了。

如果他们当时肯问一问就不至于在一路上都啃干粮了。他们不去问船上的就餐情况，最根本的原因就是他们没有去问的勇气，因为他们在自己的脑子里早就为自己设定了一个界限：穷人是没有钱去豪华餐厅里享受美味食物的，于是他们就错过了十几天享受美食的机会。

由于没有勇气尝试而无法获得成功的事情其实又何止这些！也许你几番尝

试，最终也不见得就会取得成功，但是如果你不鼓足勇气去尝试，那就永远没有成功的机会。

　　很多穷人抱怨上天不给自己成功的机会，感慨命运捉弄自己。其实机会就在他们身边，只是因为他们自己害怕困难而自行放弃了，而机会一旦丧失，就很难重新拥有，这也正是那些穷人经常无法成功的原因。很多时候，只要积极地尝试过，努力过，纵然没有取得成功，你也毕竟拥有了经验，而且你的精神意志也会在不断的尝试过程中渐渐得到锻炼和提升。

　　想做就去做！只有做了，你才能真正懂得它对你意味着什么，敢于尝试是开启成功大门的钥匙，好运就在尝试中。真正的富人在每个机遇来临的时候，总是积极地迎接，大胆地尝试，全身心地投入去开拓，去完美；在多数人还不认可的时候已经付出了辛勤的汗水和心血，甚至是在多数人鄙夷的眼光里成功的。

　　想做就去做！只有做了，你才能晓得它对你意味着什么，敢于尝试是开启成功大门的钥匙。

＊모범답안은182쪽을 확인하세요.

Part 4 模拟试题4

三、书写

第101题：缩写。

(1) 仔细阅读下面这篇文章，时间为10分钟，阅读时不能抄写、记录。
(2) 10分钟后，监考收回阅读材料，请你将这篇文章缩写成一篇短文，时间为35分钟。
(3) 标题自拟。只需复述文章内容，不需加入自己的观点。
(4) 字数为400左右。
(5) 请把作文直接写在答题卡上。

一天，一个盲人带着他的导盲犬过街时，一辆大卡车失去控制，直冲过来，盲人当场被撞死，他的导盲犬为了守卫主人，也一起惨死在车轮底下。

主人和狗一起到了天堂门前。一个天使拦住他俩，为难地说："对不起，现在天堂只剩下一个名额，你们两个中必须有一个去地狱。"主人一听，连忙问："我的狗又不知道什么是天堂，什么是地狱，能不能让我来决定谁去天堂呢？"

天使鄙视地看了这个主人一眼，皱起了眉头，他想了想，说："很抱歉，先生，每一个灵魂都是平等的，你们要通过比赛决定由谁上天堂。"

主人失望地问："哦，什么比赛呢？"

天使说："这个比赛很简单，就是赛跑，从这里跑到天堂的大门，谁先到达目的地，谁就可以上天堂。不过，你也别担心，因为你已经死了，所以不再是瞎子，而且灵魂的速度跟肉体无关，越单纯善良的就越快。"

主人想了想，同意了。天使让主人和狗准备好，就宣布赛跑开始。他满心以为主人为了进天堂，会拼命往前奔，谁知道主人一点也不忙，慢吞吞地往前走着。更令天使吃惊的是，那条导盲犬也没有奔跑，它配合着主人的步调在旁边慢慢跟着，一步都不肯离开主人。天使恍然大悟：原来，多年来这条导盲犬已经养成了习惯，永远跟着主人行动，在主人的前方守护着他。可恶的主人，正是利用了这一点，才胸有成竹，稳操胜券，他只要在天堂门口叫他的狗停下就可以了。

天使看着这条忠心耿耿的狗，心里很难过，他大声对狗说："你已经为主人献出了生命。现在，你这个主人不再是瞎子，你也不用领着他走路了,你快跑进天堂吧！"

可是，无论是主人还是他的狗，都像是没有听到天使的话一样，仍然慢吞吞地往前走，好像在街上散步似的。果然，离终点还有几步的时候，主人发出一声口令，狗听话地坐下了，天使用鄙视的眼神看着主人。

这时，主人笑了，他扭过头对天使说："我终于把我的狗送到天堂了，我最担心的就是它根本不想上天堂，只想跟我在一起……所以我才想帮它决定，请你照顾好它。"天使愣住了。

说完这些话，主人向狗发出了前进的命令，就在狗到达终点的一刹那，主人像一片羽毛似的落向了地狱的方向。他的狗见了，急忙掉转头，追着主人狂奔。满心懊悔的天使张开翅膀追过去，想要抓住导盲犬，不过那是世界上最纯洁善良的灵魂，速度远比天堂所有的天使都快。

所以导盲犬又跟主人在一起了，即使是在地狱，导盲犬也永远守护着它的主人。天使久久地站在那里，喃喃说道："我一开始就错了，这两个灵魂是一体的，他们不能分开……"

模拟试题5

三、书写

第101题：缩写。

(1) 仔细阅读下面这篇文章，时间为10分钟，阅读时不能抄写、记录。
(2) 10分钟后，监考收回阅读材料，请你将这篇文章缩写成一篇短文，时间为35分钟。
(3) 标题自拟。只需复述文章内容，不需加入自己的观点。
(4) 字数为400左右。
(5) 请把作文直接写在答题卡上。

　　一对新婚夫妇生活贫困，要靠亲友的接济才能活下去。一天，丈夫对妻子说："亲爱的，我要离开家了。我要去很远的地方找一份工作，直到我有条件给你一种舒适体面的生活才会回来。我不知道会去多久，我只求你一件事，等着我，我不在的时候要对我忠诚，我也会对你忠诚的。"

　　很多天后，他来到一个正在招工的庄园，被录用了。他要老板答应他一个请求："请允许我在这里想干多久就多久，当我觉得应该离开的时候，您就要放我走。我平时不想支取报酬，请您将我的工资存在我的账户里，在我离开的那天，您再把我挣的钱给我。"双方达成协议。

　　年轻人在那里一工作就是20年，中间没有休假。一天，他对老板说："我想拿回我的钱，我要回家了。"老板说："好吧，我们有协议，我会照协议办的。不过我有个建议，要么我给你钱；要么我给你三条忠告，不给你钱。你回房间好好想想再给我答复。"

　　他想了两天，然后找到老板说："我想要你那三条忠告。"老板提醒说："如果给你忠告，我就不给你钱了。"年轻人坚持说："我想要忠告。"

　　于是老板给了他"三条忠告"：

　　第一，永远不要走捷径。便捷而陌生的道路可能会要了你的命。

　　第二，永远不要对可能是坏事的事情好奇，否则也会要了你的命。

　　第三，永远不要在仇恨和痛苦的时候做决定，否则你以后一生都会后悔的。

老板接着说："这里有三个面包,两个给你路上吃,另一个等你回家后和妻子一起吃吧。"

　　在远离自己深爱的妻子和家庭20年后,男人踏上了回家的路。一天后,他遇到了一个人,那人问他:"你去哪里?"他回答:"我要去一个沿着这条路要走20多天的地方。"那人说:"这条路太远了,我认识一条捷径,几天就能到。"

　　他高兴极了,正准备走捷径的时候,想起老板的第一条忠告,他回到了原来的路上。后来,他得知那个人让他走的所谓捷径完全是个圈套。

　　几天后,他走累了,发现路边有家旅馆,他打算住一夜,付过房钱后他躺下睡了。睡梦中他被惨叫声惊醒,他跳了起来,正想开门看看发生了什么事,但他想起了第二条忠告,于是回到床上继续睡觉。起床后喝完咖啡,店主问他是否听到了叫声,他说听到了,店主问:"您不好奇吗?"他回答说不好奇。店主说:"您是第一个活着从这里出去的客人。我的独子有疯病,他经常大声叫着引客人出来,然后将他杀死埋掉。"

　　快到家的时候,他远远看见妻子和一个男人亲热的样子,他怒火中烧。但他想起了老板的第三个忠告,强忍了下来,恢复了平静。原来那个男人是他的儿子。

　　丈夫走进家门,拥抱了自己的儿子。在妻子忙着做晚饭的时候,他给儿子讲述了自己的经历。一家人坐下来一起吃面包,他把老板送的面包掰开,发现里面有一沓钱——那是他20年辛辛苦苦劳动得来的工钱。

模拟试题1 参考答案

모범답안

　　　　　　最优秀的就是你自己

　　一位哲学家在临终前留下一个遗憾,就是他多年的得力助手居然在半年多的时间里没能给他找到一个优秀的接班人。

　　原来,这位哲学家在知道自己活不了多长时间后,就嘱咐他的助手去给他找一位能继承他事业的人,他要求这位继承人不但要有智慧、要充满信心,还要有非凡的勇气。助手答应了导师的要求,说一定竭尽全力地去寻找,不辜负导师的希望。

　　这位助手不辞辛劳地四处寻找,可他领来的人都被这位哲学家拒绝了,这位导师对助手说,他领来的这些人还不如助手本人。助手听后跟导师发誓,就是找遍五湖四海也要找到优秀人才举荐给导师。半年后,哲学家眼看就要离世了,优秀的人才还是没有找到,助手非常惭愧,他哭了,觉得自己很对不起导师,让导师失望了。这时导师对自己的助手说:"失望的是我,对不起的却是你自己。"他很失意地告诉助手,其实最优秀的人就是助手本人,只是他不敢相信自己,忽略了自己,把自己耽误了。

哲学家还说:"每个人都是最优秀的,差别在于如何认识自己、发觉自己。"话还没说完,他就去世了。

模拟试题2 参考答案

모범답안

永远和你在一起

1989年美国洛杉矶发生了一次大地震,地震中有30万人受伤。

在一片废墟中,一位年轻的父亲在安顿好受伤的妻子后,冲向了儿子上学的学校,在一片废墟前他哭着大喊儿子的名字,想起自己常跟儿子说的话:"不论发生什么事,我总会跟你在一起。"他来到儿子教室的位置开始在废墟中动手挖了起来。有很多父母来到这里,哭喊一阵后,都绝望地离开了,可这位父亲不顾别人的劝阻,冒着危险一直埋头挖,有的人以为这位父亲是因失去孩子而精神失常了。当他挖到第38个小时的时候,他突然听见孩子呼叫自己的声音:"爸爸,是你吗?",他呼喊着儿子的名字,鼓励孩子无论有什么事,爸爸都会跟他在一起。儿子告诉父亲说里面一共有14名学生,都活着。父亲大声向周围的人求助。50分钟后,孩子们都救了出来,儿子最后一个从里面爬出来,儿子说他不怕,因为他相信:不论发生了什么,爸爸总会跟他在一起。

这对了不起的父与子在经过巨大灾难后,

无比幸福地紧紧拥抱在一起。

模拟试题3 参考答案

모범답안

　　　　　　不尝试永远不会成功

　　有一家穷人，省吃俭用几年后，他们用积攒下来的钱买了开往澳大利亚的下等舱船票，他们打算到澳大利亚寻求发财的机会。

　　因为船在海上航行十几天，所以妻子准备了很多干粮以节省开支。孩子们非常想吃船上豪华餐厅里的美食，父母也何尝不想，可他们根本没有钱，只能吃带来的干粮。剩下最后两天，干粮吃完了，爸爸哀求服务员给他们点吃的，这时服务员告诉了他一个惊人的事实，船上所有的客人都可以免费享用餐厅所有的食物，父亲听了这话，吃惊得跳了起来。

　　如果他们一上船就问一问船上就餐的情况就不至于一路上啃干粮了，他们没有去问的最根本的原因是因为他们没有勇气，在他们的脑子里已经形成了一个概念，就是穷人是没有钱在豪华餐厅里享受美食的，所以他们错过了十几天享受美食的机会。

　　世上的事儿就是这样，也许你曾有过几次的尝试，但都失败了，可成功的可能性不是没有的，如果不去尝试的话，就永远都不会有成功的机会。很多穷人抱怨上天不给自己机会，说自己的命不好，其实有时候机会就在自己的身边，只是没有勇气去尝试或轻易就放弃了，这样当然不会成功。

模拟试题4 参考答案

모범답안

主人和狗

一天，一个盲人和他的导盲犬在车祸中丧生。主人和狗一起来到天堂门前，天使拦住他们说，现在天堂只剩下一个名额，两个中必须有一个去地狱。主人连忙说他可以决定，但天使说一定要通过比赛，就是赛跑，如果谁先到达目的地，谁就可以上天堂。主人同意了。比赛开始了，天使满以为主人为了进天堂会飞快地跑，谁知主人不紧不慢地往前走，而那条狗跟在主人的后面。天使认为这是主人利用狗的忠诚，最后主人肯定会让狗停住，自己冲向终点。

可出乎天使预料的事情发生了。主人向狗发出了前进的命令，就在狗快要到达终点的时候，主人像羽毛一样，轻轻地飞向地狱，就在这一刻，狗看见了，转过头向主人狂奔。天使根本无法抓住这只有着纯洁灵魂的飞奔的狗。

导盲犬又跟主人在一起了，即使是地狱，他也要守在主人的身边。因为他们的灵魂是一体的。

模拟试题5 参考答案

三个忠告

有一对新婚夫妇生活贫困，为了谋生，丈夫打算离开家去外面赚钱。

很多天后，他被一个庄园老板录用了。他请求老板说，平时用不着支付他报酬，走的时候再一起给他算工钱，老板同意了。年轻人一干就是20年。一天，他对老板说，他要拿他的工钱回家，老板答应了他的请求，不过给他提了一个建议，老板说他想给他三个忠告，如果他听这三个忠告，就要放弃他的工钱。

年轻人想了两天后选择了三个忠告。

第一，永远不要走捷径。第二，永远不要对可能是坏事的事情好奇。第三，永远不要在仇恨和痛苦的时候作决定。他拿着老板给他的面包就上路了。

路上，他因为记住了老板的第一个忠告，而躲过了别人设下的圈套。在旅馆里，他没有忘记老板的第二个忠告，免遭杀身之祸。到家后，他因听从了老板的第三个忠告，没有在痛苦和仇恨的时候做决定而避免了一场误会。

全家人团聚了，当他们把老板给他的面包

掰开时，才发现里面是一沓钱，那是他20年辛辛苦苦得来的工钱。

Note

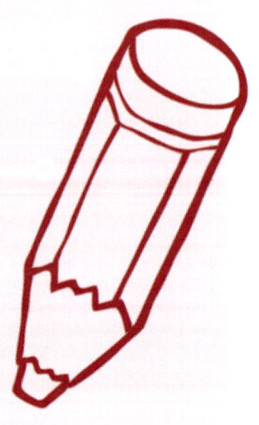